经济管理学术文库·管理类

企业内正式与非正式知识共享的平衡研究

Research on the Balance between Formal and Informal Knowledge Sharing within Enterprises

原欣伟／著

图书在版编目（CIP）数据

企业内正式与非正式知识共享的平衡研究/原欣伟著 . —北京：经济管理出版社，2020.6

ISBN 978－7－5096－7214－3

Ⅰ.①企… Ⅱ.①原… Ⅲ.①企业管理—知识管理—研究 Ⅳ.①F272.4

中国版本图书馆 CIP 数据核字（2020）第 108273 号

组稿编辑：杨国强
责任编辑：杨国强　张瑞军
责任印制：黄章平
责任校对：董杉珊

出版发行：经济管理出版社
　　　　　（北京市海淀区北蜂窝 8 号中雅大厦 A 座 11 层　100038）
网　　址：www.E－mp.com.cn
电　　话：（010）51915602
印　　刷：北京玺诚印务有限公司
经　　销：新华书店
开　　本：720mm×1000mm/16
印　　张：13
字　　数：202 千字
版　　次：2020 年 8 月第 1 版　2020 年 8 月第 1 次印刷
书　　号：ISBN 978－7－5096－7214－3
定　　价：88.00 元

·版权所有　翻印必究·

凡购本社图书，如有印装错误，由本社读者服务部负责调换。
联系地址：北京阜外月坛北小街 2 号
电话：（010）68022974　邮编：100836

目 录

第1章 绪论 ·· 1

1.1 研究背景 ·· 1

    1.1.1 知识和知识管理是企业核心竞争力的关键来源 ············· 1

    1.1.2 知识共享是知识管理的关键环节 ································ 2

    1.1.3 正式与非正式知识共享的平衡有助于充分发挥知识

          共享潜力 ·· 3

1.2 研究目的和意义 ··· 4

    1.2.1 研究目的 ·· 4

    1.2.2 理论意义 ·· 5

    1.2.3 实践意义 ·· 6

1.3 研究方法和技术路线 ·· 6

    1.3.1 研究方法 ·· 6

    1.3.2 技术路线 ·· 7

1.4 研究内容和章节安排 ·· 8

    1.4.1 研究内容 ·· 8

    1.4.2 章节安排 ·· 9

1.5 本书的创新之处 ··· 11

    1.5.1 研究视角有创新之处 ·· 11

    1.5.2 研究内容的创新之处 ·· 11

第2章 文献综述 ·············· 12

2.1 企业内正式与非正式知识共享的界定 ·············· 12
2.1.1 正式知识共享 ·············· 12
2.1.2 非正式知识共享 ·············· 13
2.1.3 两者的比较 ·············· 14

2.2 研究综述 ·············· 15
2.2.1 企业内正式知识共享研究 ·············· 15
2.2.2 企业内非正式知识共享研究 ·············· 19
2.2.3 正式/非正式知识共享的整合与平衡研究 ·············· 23
2.2.4 研究简评 ·············· 27

2.3 本章小结 ·············· 31

第3章 企业内正式与非正式知识共享的二元悖论及其平衡策略 ·············· 32

3.1 企业内正式与非正式知识共享的二元悖论 ·············· 32
3.2 悖论的复杂性成因分析 ·············· 35
3.2.1 正式与非正式知识共享对象复杂性 ·············· 35
3.2.2 正式与非正式知识共享主体复杂性 ·············· 36
3.2.3 情境复杂性 ·············· 36
3.2.4 三者叠加的复杂性 ·············· 38

3.3 悖论的解决：基于复杂适应系统观点 ·············· 39
3.3.1 基于复杂适应系统理论的企业知识共享观 ·············· 39
3.3.2 基于复杂适应系统的悖论解决对策 ·············· 43

3.4 基于复杂适应系统的正式/非正式知识共享平衡策略 ·············· 46
3.5 本章小结 ·············· 47

第4章 企业内正式与非正式知识共享的知识特性维度
——显性知识和隐性知识的平衡 ·············· 49

4.1 显性知识和隐性知识 ·············· 49

4.2 显隐知识平衡：正式与非正式知识共享平衡的内在需求 ………… 51
    4.2.1 知识创造 SECI 模型对显隐知识平衡的讨论 ……………… 51
    4.2.2 显隐知识缺失对知识创造的阻碍 …………………………… 52
    4.2.3 显隐知识平衡是正式与非正式知识共享平衡的
          内在需求 ……………………………………………………… 54
4.3 促进显隐知识平衡的措施 ………………………………………… 55
4.4 本章小结 …………………………………………………………… 57

第5章 企业内正式与非正式知识共享的组织结构维度
——正式结构和非正式网络的平衡 …………………………… 58

5.1 承载正式与非正式知识共享的组织结构：正式结构和
    非正式网络 …………………………………………………………… 58
    5.1.1 正式结构 …………………………………………………… 58
    5.1.2 非正式网络 ………………………………………………… 59
5.2 二者的交互："涌现网络"的出现 ………………………………… 61
5.3 基于"涌现网络"的知识共享分析过程 ………………………… 62
    5.3.1 描述正式结构 ……………………………………………… 64
    5.3.2 描述涌现网络 ……………………………………………… 66
    5.3.3 对比正式结构与涌现网络得出四个子结构 ……………… 67
    5.3.4 知识共享分析 ……………………………………………… 68
5.4 平衡策略 …………………………………………………………… 72
    5.4.1 调控网络中的关键知识代理人 …………………………… 72
    5.4.2 通过网络优化避免知识共享缺口 ………………………… 73
    5.4.3 信息技术支持 ……………………………………………… 74
    5.4.4 协作文化培育 ……………………………………………… 74
5.5 一个案例 …………………………………………………………… 75
    5.5.1 描述正式结构 ……………………………………………… 76

5.5.2 描述涌现网络 ·· 77
5.5.3 对比正式结构与涌现网络，得出四个子结构 ············ 77
5.5.4 知识共享分析 ·· 79
5.5.5 知识共享平衡策略 ··· 81
5.6 本章小结 ··· 83

第6章 企业内正式与非正式知识共享的关系维度
——工作关系和私人关系的平衡 ······························· 85

6.1 企业内员工关系：工作关系和私人关系 ······················ 85
6.2 工作关系、私人关系与员工知识共享 ·························· 87
6.3 工作关系、私人关系与员工知识共享间关系的实证研究 ······ 88
    6.3.1 理论和假设 ··· 88
    6.3.2 样本和数据 ··· 91
    6.3.3 变量度量 ·· 91
    6.3.4 分析和结果 ··· 92
    6.3.5 研究发现 ·· 97
6.4 平衡策略 ··· 98
    6.4.1 企业知识管理战略的进一步讨论 ························ 98
    6.4.2 人力资源管理实践的影响 ································· 99
    6.4.3 企业文化的作用 ·· 99
    6.4.4 组织结构的影响 ·· 100
    6.4.5 IT能力的影响 ·· 101
6.5 本章小结 ··· 101

第7章 企业内正式与非正式知识共享的协调机制维度
——规范化管理系统与共享价值观的平衡 ······················ 103

7.1 组织协调机制：规范化管理系统和共享价值观的作用 ········ 103
7.2 规范化管理系统、共享价值观与跨部门知识共享 ············· 105

7.3 规范化管理系统、共享价值观与跨部门知识共享间关系的实证研究 ………………………………………………………… 107
　　7.3.1 理论框架和研究假设 ………………………………… 107
　　7.3.2 样本和数据 …………………………………………… 110
　　7.3.3 变量度量 ……………………………………………… 112
　　7.3.4 分析和结果 …………………………………………… 113
　　7.3.5 研究发现 ……………………………………………… 117
7.4 平衡策略 ………………………………………………………… 118
　　7.4.1 跨部门协作形式的影响 ……………………………… 118
　　7.4.2 任务特性的影响 ……………………………………… 119
　　7.4.3 组织学习的作用 ……………………………………… 121
　　7.4.4 组织氛围的营造 ……………………………………… 122
7.5 本章小结 ………………………………………………………… 122

第8章 企业内正式与非正式知识共享的信任维度
——制度信任和人际信任的平衡 ……………………………… 124

8.1 企业内的两种基本信任形式：人际信任与制度信任 ………… 124
　　8.1.1 人际信任 ……………………………………………… 125
　　8.1.2 制度信任 ……………………………………………… 127
8.2 人际信任、制度信任与跨部门知识共享 ……………………… 129
8.3 人际信任、制度信任对跨部门知识共享影响的实证研究 …… 130
　　8.3.1 理论模型和假设 ……………………………………… 130
　　8.3.2 样本和数据 …………………………………………… 135
　　8.3.3 变量度量 ……………………………………………… 136
　　8.3.4 分析和结果 …………………………………………… 137
　　8.3.5 研究发现 ……………………………………………… 146
8.4 平衡策略 ………………………………………………………… 147

8.4.1	完善企业制度	147
8.4.2	提升组织支持	148
8.4.3	强化组织公平	149
8.4.4	加强沟通协调	150
8.5	本章小结	151

第9章 企业内正式与非正式知识共享平衡的进一步思考 …… 152

9.1	复杂适应系统理论之外的思考	152
9.2	系统组织理论的启示	153
9.3	适配（fit）理论的启示	154
9.4	动态能力理论借鉴	156
9.5	阴阳平衡理论的启示	160
9.6	和谐管理理论借鉴	162
9.7	不同理论的比较	166
9.8	本章小结	168

第10章 结论与展望 …… 169

10.1	主要结论	169
10.2	理论启示	171
10.3	管理启示	172
10.4	研究展望	173

参考文献 …… 174

第1章 绪 论

1.1 研究背景

1.1.1 知识和知识管理是企业核心竞争力的关键来源

知识是形成企业核心竞争力的关键资产。1990年，美国学者普拉哈拉德和哈默尔在哈佛商业评论上发表经典论文"The Core Competence of the Corporation"，提出企业"核心竞争力"（Core Competence）概念。他们将核心竞争力定义为"组织中的集体性知识（Collective Learning），特别是那些协调不同生产技能和集成多种技术流的知识"。可见，从企业核心竞争力的观点来看，企业竞争力的本质与基础就是企业所特有的知识。

不谋而合，野中郁次郎（Nonaka）1991年同样在 *Harvard Business Review* 上发表经典论文"The Knowledge - creating Company"，强调知识对企业核心能力的塑造和持久竞争优势的支撑作用，指出"在充满不确定性的新经济环境中，成功的企业是那些能够持续创造新知识、在组织中有效分享知识以及很快将其应用到新技术和新产品的公司"。延续柏拉图对知识的理解，野中郁次郎将知识定义为"确证的真信念"（Justified True Belief），但不同于传统观点，他将关注的重点放在了知识的"确证"(Justified)一面,而不只简单地强调"真信念"(True Belief),从而凸显了知识的动态特征和情境化特性。在这一背景下,知识管理的重要性被提上日程,受到学术界和企业界的广泛关注。

知识管理指识别和平衡集体性知识去促进企业竞争力的过程。人们对知识管理的热情同样与新兴的、以知识为基础的后工业时代经济密切联系在一起。自这一概念提出以来,知识管理在20世纪与21世纪的世纪交替之际得到了研究者和企业界的高度重视。直到现在,企业对知识管理的热情依然不曾减退,而是越发重视。企业希望借由有效的知识管理积累知识资产,以提升企业的应变能力、创新能力、员工技能和协作效果。知识管理也被看作减少员工流动和人才损失的一种重要手段,避免因人才流动而使组织知识受损。此外,知识管理也常常被看作塑造"尊重知识、鼓励共享"的知识密集型文化的重要途径。

1.1.2 知识共享是知识管理的关键环节

毫无疑问,随着知识经济和互联网经济的不断深化,知识管理能力对企业的生存和发展日益重要:企业要想取得竞争优势,只有比竞争对手更快地获取、传播、应用和创造知识。其中,知识共享能力是企业知识管理能力中极其关键的一环。比尔·盖茨早在其1999年出版的《未来时速——数字系统与商务新思维》一书中就已经强调知识共享的重要性:"要坚信知识共享的重要性,否则即使再努力掌握知识也会失败……知识的力量不是来自于保密的知识,而是来自共享的知识。"

Lee(2001)将知识共享定义为知识从一个个体、群体或组织向另一个个体、群体或组织转移或传播的过程。林东清(2005)更详细地解读了这一过程:组织的员工或内外部团队在组织内部或跨组织之间,彼此通过各种渠道进行知识交换和讨论,其目的在于通过知识的交流,扩大知识的利用价值并产生知识的效应。本书主要关注组织内部的知识共享行为。根据Ipe(2003)的定义,组织内知识共享是组织成员将其技能和经验扩散到其他组织单元或成员的过程。

知识不同于一般资产，越共享越能充分发挥其价值。组织内部的知识共享有助于避免问题的重复解决、总结最佳实践和经验诀窍、提升员工技能和利用知识执行业务的能力。组织内知识共享也有助于充分发挥组织中知识型员工和专家的作用，将他们的学识技能转化成组织的财富。通过有效的知识共享，组织的运营效能、绩效产出以及客户满意度都有可能得到极大改善。另外，更重要的是，知识共享为组织知识创造和创新打下了基础，良好的知识共享往往是知识创新的前奏。

1.1.3 正式与非正式知识共享的平衡有助于充分发挥知识共享潜力

正如林东清（2005）对知识共享过程解读的那样，组织内员工会通过"各种渠道"进行知识共享。知识共享也会贯穿到组织的各项活动中。这些渠道按性质通常可以划分为正式和非正式两大类。正式渠道包括正式的组织系统和制度，如组织结构、工作流程、汇报系统、正式会议、组织知识库等。员工通过这些预设好的组织系统和制度设置进行知识共享。非正式渠道则是员工间基于私人关系的一种知识援助。员工间的非正式交往、兴趣小组、网上论坛、实践社区等通常是重要的非正式知识共享渠道。从知识共享模式的角度看，这两类渠道也代表了知识共享的两类模式：依托于组织正式机制体制和相应渠道的正式知识共享，以及依托于非正式渠道的非正式知识共享。两者在组织知识共享中都发挥着重要且不可替代的作用：通常正式化模式比较有利于知识的编码化和显性化，而非正式模式则被普遍认为是知识个人化和隐性化的有效途径。这就为组织知识管理，特别是知识共享的管理，提出了一个重要课题："如何有效平衡组织中正式与非正式这两类知识共享模式，以充分发挥知识共享的潜力？"

事实上，无论是显隐知识演化的需求，还是组织正式/非正式机制体制交互的需要，都要求知识共享的这两种模式应充分地整合，达到一定程度的平衡，以追求更好的知识共享效果。一些研究者更是明示出这样的观点，指出"二者不应只是简单地混合在一起，而必须整合成一体……那是组织面向绩效提高的学习战略的必然要求"。一些实证研究也为上述观点提供了证据。例如，Choi 和 Lee（2003）通过对 54 家企业的调查显示，注重将两种知识共享模式整合的企业往往有着更好的绩效；单方面强调某一种知识共享策略的企业次之，且二者绩效没有明显差别；两类知识共享都不利的企业绩效最差。

综观已有文献，一些学者对"正式/非正式知识共享的整合与平衡"这类问题予以关注或进行了探索。然而，这方面的研究还不够系统，需要更多的理论阐释和实证证据去进一步回答"如何将二者整合成一体，如何实现二者的平衡？"这一问题。本书的研究有助于探究企业内部正式与非正式知识共享的平衡，以充分发挥组织知识共享的潜力，为组织知识管理提供管理建议和决策参考。

1.2　研究目的和意义

1.2.1　研究目的

对于企业，特别是知识密集型企业而言，知识共享能力有着十分重要的意义。如何提升企业知识共享能力，从而加速知识创造与创新，是每一个企业都要面临的重要课题。在一个企业里，依托组织正式系统等正式渠道进行的正式知识共享，以及依托个人交往、兴趣小组、网上论坛、实践社区等非正式渠道进行的非正式知识共享，两者往往同时存在并产生复杂的交互。在这一背景下，"如何将两者整合成一体，寻求二者的平衡，以充分发挥知识共享的潜力?"就成为一个十分有理论意义和实践意义的研究议题。

本书的研究目的是试图对上述问题进行回答。借助文献与理论分析、案例分析及实证研究等手段,对正式与非正式这两类知识共享模式以及承载这两种模式的相关要素,如组织结构、员工关系、协调机制、信任机制、知识特性等进行研究,借以揭示两类知识共享模式的交互机制,在此基础上探究二者的平衡机理。

1.2.2 理论意义

无论是从知识演化角度,还是企业正式/非正式机制体制交互角度,寻求正式与非正式知识共享的整合及平衡十分必要。然而梳理现有研究,仍然可以发现一些分歧的观点。以与正式/非正式知识共享紧密相关的正式组织和非正式组织间的关系为例,早期它们基本上被描绘成是敌对的,近年更多出现的是与上述观点相反的一些证据,但仍有研究显示了二者间的敌对关系。一些研究则发现,二者关系不是敌对或支持那么简单,而是更加复杂。这样的分歧使正式/非正正式知识共享的关系难以一概而论。再以与正式/非正式知识共享模式紧密相关的"知识编码化"和"知识个人化"两种知识共享策略为例,Hansen、Nohria、Tierney(1999)指出,企业不可能跨骑(Straddle)知识编码化和知识个人化两种知识共享策略,而应以其中某一种策略为主,他们报告了有些企业因想"脚踩两条船"反而因互相牵制而最终导致失败的案例。而一些研究则指出,企业完全可以而且应该给予这两种知识共享策略双重支持,形成一种互补的策略。因为,"只有这样才能实现知识开发和利用的平衡生态,带来企业长期的成功"。上述关于知识编码化和知识个人化的争议实际上也体现了人们对于正式与非正式知识共享关系认识上的分歧。此外,正式与非正式知识共享这两类特点不同但又紧密联系的知识共享模式在实践中如何整合与平衡,这一问题在已有文献中也缺乏系统的解读和明确的答案。

本书的研究有利于为正式与非正式这两类知识共享模式以及承载这两种模

式的相关要素间的关系提供新的证据,并为两者的整合和平衡研究提供新的贡献。

1.2.3 实践意义

尽管有效地平衡正式与非正式知识共享以充分发挥组织知识共享的潜力是一个很好的管理设想,然而在企业实践中去实现却不是一件容易的事。迈克尔·科索马罗和理查德·塞尔比在《微软的秘密》一书中就提到微软公司面临着类似的困扰:"过少的组织知识共享与学习的正式化机制,虽然有利于提高知识共享内容与方式的灵活性,但是将组织知识管理大部分交给非正式机制,由此带来随意性大、难以管理和控制的缺点;过多的组织知识共享与学习的正式化机制虽然有利于知识在可控范围内有目的地传播和转移,但如果员工对其做出消极反应,其效果可能是相反的。"在我们的实地研究和调查中,许多企业也普遍报告存在类似的问题。想要把正式与非正式这两类知识共享模式都贯彻好,并达到有效的平衡,仍是一项难度不小的管理挑战。

本书的研究有助于探究企业内部正式与非正式知识共享的平衡机理,在此基础上提出相应的管理策略和建议,为企业知识管理提供决策参考,以充分发挥企业知识共享的潜力和价值。

1.3 研究方法和技术路线

1.3.1 研究方法

为了系统探究"如何有效平衡企业内正式与非正式这两类知识共享模式,以充分发挥知识共享潜力?"这一问题,本书综合采用文献分析、理论分析与建模、案例分析、问卷调查与统计分析等研究手段，对上述问题及其相关维度下的子问题（如显性知识和隐性知识、组织结构中的正式结构及非正式网络、组织协调机制中具有正式特点的规范化管理系统和非正式特点的共享价值观、员工关系中正式的工作关系和非正式的私人关系、信任机制中具有正式特点的制度信任和非正式特点的人际信任等）进行分析，以提升研究成果的科学性和有效性。具体研究方法如下：

（1）文献研究。通过对相关领域已有文献的梳理和分析，对正式与非正式这两类知识共享模式以及承载这两种模式的相关要素，如组织结构、员工关系、协调机制、信任机制、知识特征等，进行研究。

（2）理论分析与建模。通过理论思辨与逻辑推导，并结合数理分析与建模，对正式与非正式这两类知识共享模式以及承载这两种模式的相关要素进行理论分析。

（3）案例分析。借助个案分析对案例企业中的正式与非正式知识共享活动进行研究，以揭示两种知识共享模式的互动机制和平衡机理。

（4）问卷调查与统计分析。借助规范的实证研究方法，建立研究模型和假设，通过企业问卷调查进行数据收集，运用 SPSS 等统计分析软件对调查数据进行实证分析与假设检验。

1.3.2 技术路线

本书按照"提出问题→分析与解决问题"这一基本思路，在明确研究背景、意义、国内外研究现状及相关理论基础上，提出研究问题，即"如何平衡企业内正式与非正式这两类知识共享模式，以充分发挥知识共享潜力？"然后着力分析和解决问题。首先，提出企业内正式与非正式知识共享存在一个二元悖论，分析了悖论的成因，并从复杂适应系统理论角度提出了相应的平衡思路和问题解决框架。其次，遵循这一思路框架，从承载正式与非正式这两类知识共享模式的不同要素入手，如组织结构、员工关系、协调机制、信任机制、知识特性等,探讨相关要素的交互机制和平衡机理,在此基础上提出相应的平衡策略。再次,进一步将研究思路拓展到复杂适应系统理论之外,更广泛地借鉴国内外相关理论,讨论了相应理论对企业内正式与非正式知识共享平衡研究的启示。最后,总结全书,提出研究展望。本书的技术路线如图1-1所示。

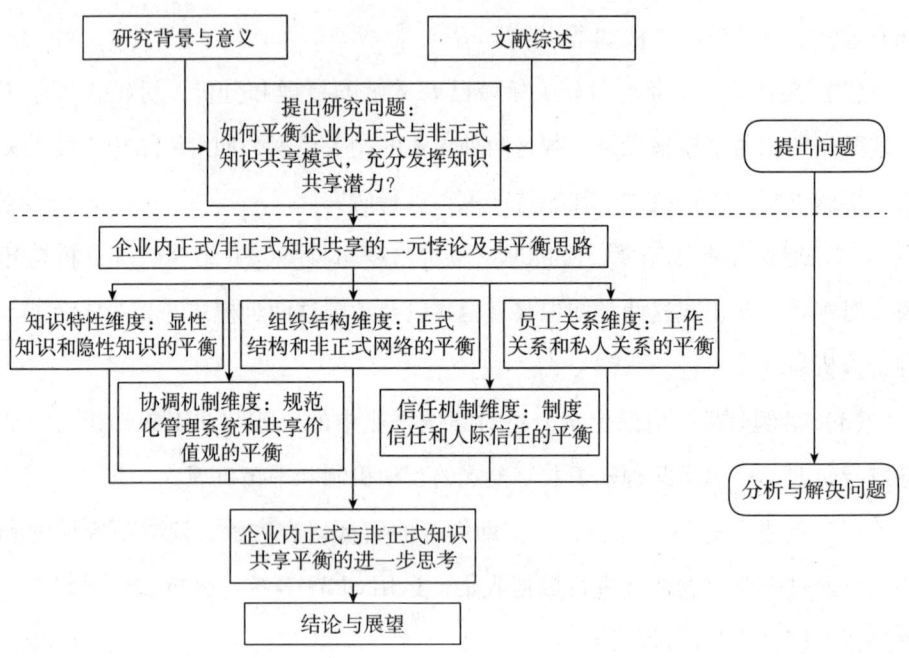

图1-1 技术路线

1.4 研究内容和章节安排

1.4.1 研究内容

基于本书的研究目标,针对"如何有效平衡企业内正式与非正式这两类

第 1 章 绪论

知识共享模式,以充分发挥知识共享的潜力"这一问题,本书的主要研究内容如下:

(1) 对企业内正式与非正式知识共享平衡的难点进行了分析,提出了企业内正式与非正式知识共享的二元悖论以及悖论的破解思路,在此基础上提出了二者平衡的基本思路。

(2) 将这一思路贯彻于企业内正式、非正式这两类知识共享模式的不同维度分析中:

第一,分析了正式/非正式这两类知识共享的知识特性维度,探讨了隐性知识和显性知识的平衡。第二,分析了承载正式/非正式知识共享的组织结构——正式结构与非正式网络,探讨二者的整合与平衡。第三,分析了正式与非正式知识共享的关系维度——工作关系和私人关系的平衡。第四,分析了正式与非正式知识共享的协调机制维度——规范化管理系统和共享价值观,探讨二者的关系和平衡。第五,分析了正式与非正式知识共享的信任维度——制度信任和人际信任,探讨二者的关系和平衡策略。

(3) 总结上述研究和正式/非正式知识共享的平衡策略,对更具复杂适应性的知识共享策略提出进一步思考和建议。

(4) 最后,提出结论和展望。

1.4.2 章节安排

根据前述研究内容,本书共分为十章,具体的章节安排如下:

第 1 章:绪论。主要阐述本书的研究背景、研究目的、研究意义、研究方法、技术路线、研究内容、章节安排及本书的创新之处。

第 2 章:文献综述。本章在文献基础上,对正式与非正式知识共享进行界定,对已有相关研究进行综述。

第 3 章:企业内正式与非正式知识共享的二元悖论及其平衡策略。本章对企业内正式与非正式知识共享的难点进行分析,探讨两者间的二元悖论及其复杂性成因，并从复杂适应系统视角给出了企业内正式与非正式知识共享的平衡思路。

第4章：企业内正式与非正式知识共享的知识特性维度——显性知识和隐性知识的平衡。本章在论述正式与非正式知识共享知识特性——显性知识和隐性知识关系基础上，指出显隐知识平衡的重要性，并进一步提出了显隐知识平衡的促进措施。

第5章：企业内正式与非正式知识共享的组织结构维度——正式结构和非正式网络的平衡。本章在论述承载正式与非正式知识共享的组织结构——正式结构和非正式网络关系基础上，对两者的交互和相应的知识共享优化过程进行了分析，并对相应的平衡策略进行了讨论。

第6章：企业内正式与非正式知识共享的关系维度——工作关系和私人关系的平衡。本章在论述影响正式与非正式知识共享的员工关系维度——较正式的工作关系和更具非正式特征的私人关系基础上，对这两类关系和员工知识共享间的关系机理进行实证研究，并对相应平衡策略进行了讨论。

第7章：企业内正式与非正式知识共享的协调机制维度——规范化管理系统与共享价值观的平衡。本章从组织协调机制维度，对具有正式特征的规范化管理系统和具有非正式特征的共享价值观进行了讨论，分析了两者对跨部门知识共享的影响，并进行了实证研究，在此基础上提出了相应的平衡策略。

第8章：企业内正式与非正式知识共享的信任维度——制度信任和人际信任的平衡。本章从组织信任机制维度，对具有正式特征的制度信任和具有非正式特征的人际信任间关系进行了讨论，分析了两者对跨部门知识共享的影响，并进行了实证研究，在此基础上提出了相应的平衡策略。

第9章：企业内正式与非正式知识共享平衡的进一步思考。本章在上述研究基础上，进一步将研究思路拓展到复杂适应系统理论之外，从更广泛的国内外管理理论中进行借鉴。讨论了系统组织理论、适配理论、动态能力理论、阴阳平衡理论与和谐管理理论等对企业内正式与非正式知识共享平衡研究的启示。

第10章：结论与展望。总结全书，得出研究结论，并对未来研究进行展望。

1.5 本书的创新之处

1.5.1 研究视角有创新之处

本书从平衡的角度分析企业中常见的两类知识共享模式——正式知识共享与非正式知识共享。在已有文献中，这样明确以"平衡"为着眼点的系统化研究并不多见。本书明确提出和着力分析解决"如何有效平衡企业内正式与非正式这两类知识共享模式，以充分发挥知识共享潜力？"这一问题，在着眼点和研究视角方面有创新之处。

1.5.2 研究内容的创新之处

本书不仅从一般意义上对企业内正式与非正式知识共享的平衡思路进行讨论，还进一步从承载这两种知识共享模式的具体要素，如组织结构、员工关系、协调机制、信任机制、知识特征等，结合案例和调查数据进行分析解读，提出有针对性的平衡策略，使相应的管理建议更具操作性，为企业知识管理提供有益决策参考。

第 2 章 文献综述

2.1 企业内正式与非正式知识共享的界定

2.1.1 正式知识共享

随着信息技术和互联网的快速发展，企业的组织形态日益扁平化、柔性化和网络化，与之相适应的是企业内部知识共享需求的不断增长。根据 Ipe（2003）的定义，企业内知识共享是企业成员将其技能和经验扩散到其他部门或成员的过程。由于知识共享过程往往也是一个社会交互过程，因此，企业内知识共享实际上也是企业内各部门及成员间相互协作、沟通、学习与交流的过程。这个过程依据其正式化程度以及企业成员互动方式的不同，可以划分为两类基本模式：正式知识共享模式以及非正式知识共享模式。

事实上，人们对组织正式机制的关注由来已久。早在1920年，被誉为组织理论之父的马克斯·韦伯就提出经典的科层制理论，指出组织是以制度和规则为主体、具有明确目标和分工的等级体制。马克斯·韦伯认为，任何组织唯有实行"强制性协调"才能成为一个整体，实现高效率。科层制理论下的组织具有专门化分工、等级森严、规则化、程序化、技术化等正式特点。科层制理论事实上也开创了正式化组织制度研究的先河。在正式组织视角下,组织成员完全角色化,组织成员间"人的关系"被置换成了为实现组织目标和效率而分工协作的"事务关系"。在这一视角下,组织有清晰明确的组织结构和岗位设置。组织成员及组织部门间的行为主要靠一系列的制度、规章、条例去约束和协调,强调"照章办事"。

由于知识共享本质上也是一种社会交互活动,因此,组织成员间以正式组织为载体的正式化知识共享活动主要依赖于正式的组织体系,有着较为固定的内容、程序或形式约定。组织各部门及成员间的正式交往、制度化的技术文档整理、将知识贡献于组织数据库等成为正式知识共享的主要途径。在这种模式下,知识在组织中被有目的地获取并通过正式机制分享、传播。

基于已有研究和上述论述,给出企业内正式知识共享的定义如下:企业成员依赖于正式的组织体系、制度或流程,将其技能和经验扩散到其他部门或成员的过程,这一过程有着较为固定的内容、程序或形式约定,通常是组织设计的一部分。

2.1.2 非正式知识共享

人们对组织中非正式机制的关注则可以追溯到由美国管理学家乔治·梅奥等在1924~1932年进行的"霍桑实验"。一系列在美国西部电器公司所属霍桑工厂的心理和行为科学实验揭示了心理和社会因素对工人劳动效率的影响。在这一系列研究基础上,梅奥1933年出版了《工业文明的人类问题》,提出著名的"人际关系学说",发现在官方规定的正式化组织中会依托正式职能之外的人际关系自发形成非正式组织,对工作效率会产生重要影响,从而开创了非正式组织研究的先河。现代组织理论的奠基者切斯特·巴纳德在其1938年出版的经典著作《经理人员的职能》中也强调:"无论什么地方都存在与正式组织有关的非正式组织。"此后,非正式组织在企业组织中的作用一直受到管理学者的极大关注。非正式组织通过共同观点、兴趣爱好、情感等非正式关系将员工联结在一起，往往隐藏在组织正式结构之下，在某种程度上更趋无形，但有其特定的关系逻辑和行为规范，对员工行为和组织效率都有重要影响。

由于非正式组织依赖共同价值观、兴趣爱好、情感等人际关系要素形成，在社会交互方面有其天然优势，因此，十分有利于本质上也是一种社会交互行为的知识共享活动。这类知识共享活动通常不由正式制度强制产生，而是自发地形成，更趋向非正式性。因此，依赖于个体社会关系而非组织制度获取知识，是非正式知识共享的基本特征。它独立于组织结构、政策和正式协作，体现了个体间基于私人关系的一种知识援助，具有典型的非正式特征。相应地，企业组织各部门及成员之间的非正式交往、兴趣小组、网上论坛、实践社区等则成为非正式知识共享的主要途径。知识在这个过程中以非正式组织为载体被有意或无意地传播。

基于已有研究和上述论述，给出企业内非正式知识共享的定义如下：企业成员依赖个体社会关系获取知识，并将其扩散到其他部门或成员的过程，这一过程体现了个体间基于私人关系的一种知识援助，通常以非正式组织为载体。

2.1.3 两者的比较

从上述正式与非正式知识共享的讨论可以发现，两者相辅相成，但又有根本区别。两者的根本区别在于制度安排和行为约束方式的不同。表2-1在综合有关文献基础上比较了正式与非正式知识共享的区别。

表2-1 企业内正式与非正式知识共享的比较

知识共享模式	基本特征	共享途径	共享行为载体	共享意图
正式知识共享	依赖于正式的组织制度，有着较为固定的内容、程序或形式约定	企业内各部门及成员间的正式交往、制度化的技术文档整理、将知识贡献于组织数据库等	正式组织	有意识

第 2 章 文献综述

续表

知识共享模式	基本特征	共享途径	共享行为载体	共享意图
非正式知识共享	依赖于个体社会关系，独立于组织结构、政策和正式协作，体现了个体间基于私人关系的一种知识援助	企业内各部门及成员间的非正式交往、兴趣小组、网上论坛、实践社区等	非正式组织	有意或无意

资料来源：笔者根据有关文献整理。

由表 2-1 可见，正式与非正式知识共享的根本区别是正式知识共享依赖制度，而非正式知识共享主要依赖个体关系，因此其共享途径有所差异，行为载体也不同。此外，正式知识共享的意图通常比较明确，而非正式知识共享的意图有时则是无意的，知识共享可能在个体交往中自然而然地发生。

2.2　研究综述

2.2.1　企业内正式知识共享研究

正式知识共享在企业知识管理中扮演着重要角色，对企业的创新和绩效往往有着显著的影响。例如，Nobeoka 和 Cusumano（1992）对 20 世纪 80 年代美国、日本、欧洲汽车行业的研究表明，企业内 R&D 项目间技术共享策略的不同带来了不同的市场绩效，日本汽车制造企业能够在竞争中胜出，正是得益于他们快速有效的跨项目正式知识共享机制。梳理已有文献，可以发现围绕该议题的相关研究比较明显地集中在两个方面：一是着眼于知识共享的对象——知识，特别是知识的编码与显性化，重点关注企业知识的编码化策略及应用；二是将关注点从知识共享对象转移到知识共享的主体——组织单元及成员，研究组织正式化机制对组织成员知识共享的影响。

2.2.1.1　知识的编码化策略及应用

"知识编码化"（Knowledge Codification）作为一种知识管理策略由 Hansen 等（1999）在前人研究和案例研究的基础上汇总提出，强调对知识的编码、存储和重用，是一种"人"对"文档"的知识共享哲学。Hansen 列举了采用知识编码化策略的典型企业，如安盛咨询公司（Andersen Consulting，后更名为 Accenture）、安永会计师事务所（Ernst & Young）等。知识编码化是将知识结构化和明晰化，从而促进企业内部知识流动的重要手段。知识被从知识创造者那里抽取出来，通过明确阐述和编码的方式独立于创造者，为知识的重用奠定基础。通过电子文档系统或相应知识库，编码化的知识既方便存储和转移，也便于模块化和重用。编码化知识还为企业内各部门及成员间的沟通合作提供了一种类似于"公共语言"的通道。在这个"公共语言"基础上，知识更容易被整合，也会被用来和企业不同部门情境及企业成员自身经验联系起来，演化和创造出新的知识。在这一知识共享逻辑下，企业通常会加大 IT 系统建设，以便利用 IT 系统将企业成员和可重用的编码知识更好地联结在一起。相应地，对企业员工的知识管理系统应用培训通常也会加强，也会加强员工使用和贡献编码知识的激励与奖励。Cohen 和 Olsen（2015）通过实证研究证实，知识编码化对企业的市场和财务绩效有显著正向影响。Cohendet 和 Meyer – Krahmer（2001）则从成本—收益角度分析了知识编码化带来的好处：有助于将知识从个体中抽离出来，从而变成独立于"人"之外的类似于"商品"的交换物，从而降低知识获取和分发成本，加速知识的创造和价值实现。Schulz 和 Jobe（2001）肯定了知识编码化策略对工作绩效提升的积极作用，进一步强调了运用知识编码化策略时编码内容、形式和工作内容匹配的重要性。他们对位于美国和丹麦的 98 家跨国企业子公司的调查显示了不同编码策略的绩效后果：相对于没有明显偏好的非集中化编码策略，针对某一类知识，集中采用与之相匹配的知识编码形式（数字代码、词语文本、人或物）更有利于提高知识共享效率，倾向于带来更好的工作绩效。Hall（2006）则从批判的视角分析了知识编码化的相关文献，指出编码化的知识在知识转移时很难忽略知识应用的情境，那些具有相似知识或经验的人更可能去有效使用和解读编码后的知识。因此，他强调"解码"过程在编码化知识共享中的重要性：他通过英国邮局一个不太成功的知识管理案例说明，知识在编码时必须考虑"为什么知识被需要，它可能怎样被使用"这样的问题，那有利于其他部门和人员有效地解读被编码的知识。Echajari 和 Thomas（2015）主张通过调节编码化知识的抽象水平去表示更复杂、更具异质性的知识，实现这一过程的关键是要加强"Know – How"和"Know – Why"类知识的抽象和编码。Prencipe 和 Tell（2001）同样强调知识共享策略应与任务情境特点相匹配，他们通过 6 个企业的案例分析，依据知识编码化程度，由低至高区分了三种不同的组织内学习景象（Learning Landscape）：以个人经验学习为主的探险家模式（Explorer），强调知识规范化清晰表达的航海家模式（Navigator），以及已经建立了基于 ICT 的系统化知识编码重用机制的开发者模式（Exploiter）。他们的研究表明，相比于异质性比较大的项目，具有承继性和"准遗传"特征的组织单元间知识共享更倾向于以知识编码为主。Michell 和 McKenzie（2017）重点关注组织实践中经验教训型知识的抽象化和编码化，试图将一些典型组织事件的过程、类型、情境、后果和经验教训进行编码，以加强经验教训型知识的获取、转移和重用。Razzak（2015）通过 7 个分布式软件项目的调查发现，在远程和分布式组织这一特殊的知识共享情境下，更需要依赖知识编码化这样的知识共享策略，这时编码化的显性知识明显比隐性知识更方便共享和传播。他建议在这一情境下，知识需求需要被有效识别、规划和选择，并在专家帮助下将其显性化和编码化，同时 Wikis 等可以加强远程共享的 IT 技术工具应该被采用。Kudryavtsev 和 Gavrilova（2017）重点对可视化知识编码技术进行了梳理，对事物型知识（What – knowledge）、诀窍型知识（How – knowledge）、原因型知识（Why – knowledge)、目的型知识（What for – knowledge）以及表达何人（Who – knowledge）、何时（When – knowledge）及何地（Where – knowledge）等不同知识分类下的可视化知识编码工具进行了介绍。

2.2.1.2 正式机制在企业内知识共享中的作用

企业内各部门及其成员为了实现企业目标和组织运营，需要进行任务协作与知识交换。因此，不同企业组织形式和组织单元依赖性往往有其独特的知识交换结构与需求，由此突出了组织正式机制在企业各部门及成员间知识共享中不可或缺的作用。学者们列举了一些有助于促进知识共享的组织正式机制：通过正式的报告和文档进行信息交流、通过任务规划和进度进行任务及知识整合、通过明确的角色和职责定义协调任务及知识合作、通过管理者或核心人员举行例行或专题的正式会议、企业内组织单元间的同行评审机制、组织知识共享系统等。Willem 等（2006）探讨了组织正式的协调机制对企业内部知识共享的影响。他们考察了组织正式协调机制的两个维度——规范化管理系统（Formal System）和横向协调机制（Lateral Coordination）。规范化管理系统指正式的流程描述、规划、规则、程序、手册、标准、政策以及层次性的决策制定体系等。横向协调指组织单元间的互相调适、协调角色设置等横向协调机制。一些研究显示，正式机制对于企业内各组织单元及成员间知识共享有重要影响。Aoshima（1993）以跨 R&D 项目团队技术知识共享为例说明，当技术诀窍从一个 R&D 项目团队向另一个项目团队单向传播时，项目管理者、职能部门管理者、技术规划部门等正式管理系统发挥了重要作用；当技术诀窍在两个项目团队间双向传播时，项目协调者设置、职能部门人员变动等横向协调发挥着重要作用。Marks（2001）对一个大型企业的知识管理系统应用调查也表明，正式的监管控制机制（Supervisory Control）对于员工知识共享的频度、意愿和努力都有很强的相关关系。Gupta 和 Govindarajan（2000）则在跨国公司情境下，通过实证研究发现，公司内跨组织单元间的正式整合机制，如起联络性作用的职位设置、特别工作小组设置和常设委员会等，会显著促进不同组织单元间的知识流入和流出。Okhuysen 和 Eisenhardt（2002）的研究则表明，一些正式干预机制（如时间管理机制、质询机制、信息共享机制等）作用于成员的注意力转换，吸引成员积极参与知识共享，从而有助于团队知识整合过程。Mueller（2015）总结了企业内项目团队间知识共享的一些正式化机制：如设置巡回人员（加入其他项目暂时性任务的团队成员），通过资料库、工作表格、产品模型、流程图等适应多个项目团队间知识转移的边界对象进行共享，利用经验教训知识改进工作例程，要求管理者承担知识分发的代理人角色，建立各团队可以共享的知识库，树立标杆和推广最佳实践，通过企业教育培训进行知识传播等。Blomkvist（2012）通过实证研究发现，引入正式的知识共享绩效评价系统有助于促进组织部门的知识共享和转移绩效。但是，也有一些研究显示，组织正式机制对于知识共享的促进作用不明显或有负面作用。例如，Tsai（2002）通过一项实证研究显示，组织正式体系的集中化程度过高对组织内知识共享有负面影响。Husted 和 Michailova（2002）指出，过高的正式权力化和集权可能导致两类不利于知识共享的知识囤积行为：一是管理者可能会有意地囤积知识，不与外人共享，以维持其权力；二是下属部门为了避免其上级部门的监控和惩罚，可能会有意囤积知识。在这一逻辑下，知识被看成是权力来源的一种，而不是提升管理决策的资源和工具。这时，组织成员间权力的不平等就会成为组织知识共享的阻碍，特别对知识从下级向上级流动的意愿和通道会形成很大阻力。Kim 和 Lee（2006）发现，相对于公共部门，集权化对私营部门员工知识共享的负面作用更明显。

2.2.2 企业内非正式知识共享研究

非正式知识共享的重要性近年来被业界和研究者反复强调：人们在工作实践中的真实状态远非组织手册、培训课程、图表和工作说明描述的那样，人们通过跨越正式组织边界的非正式网络进行知识共享是人们工作实践中的重要方面。Tsai 和 Ghoshal（1998）对一家跨国电子企业 15 个业务单元的研究显示，组织单元及成员间基于非正式网络的知识共享对企业产品创新有显著正面影响（β=0.46，p<0.05）。该议题相关研究同样可以从知识共享的对象与主体两方面来梳理：一是着眼于知识个人化与隐性维度，重点关注组织知识个人化策略及应用；二是关注组织非正式机制和组织成员非正式行为在知识共享中的作用。

2.2.2.1 知识的个人化策略及应用

作为和"知识编码化"相对的另一种知识管理策略，"知识个人化"（Knowledge Personalization）更强调人们之间的关系、网络和对话，是一种"人"对"人"的知识共享哲学。贝恩公司（Bain）、麦肯锡咨询公司（McKinsey）等被Hansen归为实施"知识个人化"策略的典型公司。"知识个人化"策略假设知识根植于个体，并在个体和社会环境、物理环境的交互活动中衍生发展。由此，突出了知识与实践密不可分的特性和隐性维度。由于隐性知识难以整理和表达，在缺少知识主体时通常难以交流、理解和应用，因此，知识的隐性维度无法完全通过编码形式进行传播。对这类知识的共享需要依赖于"知识个人化"。在这一知识共享逻辑下，能够有效解决问题、掌握大量隐性知识的专家成为重要的知识代理人，员工的问题解决能力和创新创意能力被鼓励与培养。知识，特别是隐性知识被鼓励通过人际交互传播，人际关系网络的构筑和发展成为获取知识的重要渠道。能够促进"知识个人化"即促进人们对话和沟通的IT技术被采用以促进隐性知识交流。与组织知识个人化有关的一个重要话题是实践社区（Community of Practices）。实践社区是"关注某一个主题，并对这一主题都怀有热情的一群人，他们通过持续的互相沟通和交流，以增加自己在此领域的知识和技能"。实践社区本质上是关注某一知识领域的人们自发形成的非正式组织。Brown and Duguid（1991）指出，人们在工作实践中通过非正式的跨越正式组织边界的实践社区进行知识传播和创新活动是人们工作实践极其重要的一个方面。有研究显示，员工在工作场所获取的知识有70%来自非正式组织成员间的交流。例如，美国迪尔公司（John Deere），一家全球领先的农用机械制造公司,为了促进知识交流和技术研发,基于视频会议、电子邮件、讨论组等信息技术在企业内建立了上百个实践社区。Wipawayangkool 和 Teng(2016)指出,"知识个人化"帮助组织中的专家更好地传递隐性知识,在这一过程中,非正式师徒制、讲故事等方式都是传递难以显化的隐性知识的有效途径。此外,他们发现任务多变性环境下,员工更倾向于采用"知识个人化"策略进行知识共享,这时候个体—任务—沟通技术三者的匹配有助于充分发挥"知识个人化"的潜力。Choi 和 Lee(2002)对58家公司的调查显示,不同于知识编码化在显性知识组合(Combination)过程中的优势,知识个人化导向更有利于知识社会化过程(Socialization),即更有利于隐性知识在组织中共享。他们对企业内不同部门知识建立模式的多重比较显示,知识编码化策略宜于信息、生产等部门,而知识个人化策略则更适于战略规划、销售等部门。Koskinen 等(2003)特别强调了面对面(Face to Face)交流方式的重要性,他们分析了企业内多项目团队情境下的隐性知识共享,指出面对面交流迅速反馈、多方面提示的特性增强了隐性知识的传递效率。除了适用于传统的面对面交流,"知识个人化"策略也与分布式网络环境下的点对点(Peer to Peer)沟通模式十分契合,适用于分布式环境下的知识共享设计。在支持"知识个人化"的信息技术方面,电子白板、视频会议、网络实践社区等构筑于信息技术上的沟通媒介有助于组织内不同组织单元间成员跨越时空限制共享他们的经验、思想等隐性知识。Obeidat 等(2016)以咨询公司为样本,通过实证研究发现,知识个人化策略对企业创新有十分显著的正向促进作用。Chatti(2012)指出,"知识个人化"策略使组织能够更有效地分发有独特价值、稀缺的、难以模仿的知识,加速新产品开发速度,因此,十分适合企业的创新型和客户化定制战略。

2.2.2.2 非正式机制在企业内知识共享中的作用

较多的标准化流程和正式机制虽然有利于提高效率,但容易导致组织成员的风险厌恶倾向,使其不愿意改变和创新,实际上则产生了组织应对变化灵活性不足的风险。因此，Benner 和 Tushman（2003）强调建立松耦合组织单元以适应知识利用和流程管理的差异性。由此，凸显了组织非正式机制的重要性。可列举的一些有助于组织内知识共享的非正式机制包括：不同组织单元与成员之间的非正式会议，不同组织单元及其成员通过 E-mail、电话或面对面接触方式交流工作信息，参与实践社区讨论研发技术和产品问题等。Willem 等（2006）同样探讨了组织内非正式协调机制对企业内部知识共享的影响。他们将组织中的非正式协调机制细分为非正式网络（Informal Network）和共享价值观（Shared Value）两类。非正式网络指组织内部任意形式的非正式合作和人际网络关系。共享价值观则包括组织成员公认的假设和行为准则。近年来，大量实证研究证实了这类非正式机制在知识共享中的重要作用。例如，Cross 等（2001）对一家石油企业勘探及生产部门的社会网络分析显示，员工信息搜索和知识共享的非正式网络与组织设置的正式结构截然不同，一名在组织正式结构中并不担任重要职责的员工事实上却是非正式知识搜索网络中的关键角色。Hansen（2002）通过对一家大型电子公司 41 个事业部的 120 个新产品开发项目研究显示，那些在非正式网络中处于有利位置，能够较方便地从其他项目单元获取所需知识的项目团队往往有着更好的绩效。Borgatti 和 Cross（2003）从关系视角解释了这一信息搜索与知识共享的非正式网络现象，他们假设人们的信息搜索模型是一个个体从另一个体搜索信息概率的函数，它受如下因素影响：①知道另一个体掌握什么信息；②这些信息的价值；③能够及时获取这些信息性；④能否以较低成本获取这些信息。这一理论解释了人们为什么总是倾向于从自己的关系网络中寻求信息和获取知识的原因。共享价值观在企业内部知识共享中同样发挥重要作用。共享价值观常常被看作社会资本的一个重要维度。Li（2005）通过在华 75 家跨国企业子公司的调查显示，共享价值观对于一个子公司从其他子公司获取知识有显著的正面影响（$\beta = 0.328$，$p < 0.01$）。但也存在一些相反的证据，例如 Yang 和 Farn（2009）的一项研究显示，共享价值观对员工的隐性知识共享意图有负面影响（$\beta = -0.275$，$p < 0.01$）。Willem

等（2006）对一家跨国企业的调查显示：组织内跨组织单元的非正式网络并未被发现对知识共享有益，反而有显著的负面影响（β = -0.22，t = -3.23）。Willem 等在解释这个结果时指出，当一个非正式网络能够较好地承担正式协调机制的补偿角色，同时非正式网络的主要驱动力来自信任时，它对知识共享通常具有正面影响；当非正式网络不能很好地与正式协调机制匹配，它的主要驱动力来自争夺个人利益的组织政治活动（Politicking）而非信任时，它对知识共享的影响则可能是负面的。上述研究体现了组织内非正式协调的复杂性。Van Aken 和 Weggeman（2000）指出，非正式机制实际上存在一个悖论：太少的管理努力可能阻滞非正式机制潜力的开发，带来差的绩效；但过多的管理努力则可能破坏其非正式特征，由此也可能限制其效果。

2.2.3 正式/非正式知识共享的整合与平衡研究

在企业知识管理活动中，正式知识共享模式及非正式知识共享模式的整合与平衡有其内在要求。因为，无论是知识演化，还是组织交互的动态性，都要求知识共享的正式与非正式机制应当充分地整合，达到某种平衡，以获得更优的知识共享效果。一些研究也显示，追求二者的整合与平衡可以带来更好的企业绩效。梳理有关文献，学者们对于正式/非正式知识共享整合与平衡的研究可以从两方面进行介绍：一是知识编码化/知识个人化的整合与平衡；二是企业内知识共享中正式/非正式机制的整合与平衡。

2.2.3.1 知识编码化/知识个人化的整合与平衡

Choi 和 Lee（2002）总结了文献中三种不同的知识管理战略视角：集中化视角（Focused）、平衡视角（Balanced）和动态视角（Dynamic）。它们实际上代表了三种不同的组织知识整合观点：

（1）集中化观点认为，企业不能没有主次地同时推进知识编码化和知识个人化，而应以一种为主，另一种扮演支持角色。典型代表有 Hansen 等（1999）学者。他们报告了企业因想"脚踩两条船"反而互相掣肘最终导致失败的案例,并指出"企业不可能跨骑(Straddle)知识编码化和知识个人化"。关于两者如何整合或者达到某种平衡,他们提出了知识管理策略的80/20原则,即企业在实施知识管理时,应以知识编码化与知识个人化这两种知识管理策略中的一种为主(大约80%),另一种为辅(约占20%)。

(2)平衡观点认为,企业完全可以而且应该给予这两种知识共享模式双重支持,形成一种更加平衡的知识共享战略。Jordan 和 Jones (1997)强调,平衡战略有助于显性知识和隐性知识的平衡,从而有利于创新性知识的开发。Scheepers 等(2004)也在多案例研究的基础上,发现了一些企业同时强调知识编码化和知识个人化这两种知识管理策略,并取得了十分理想的知识共享和应用效果,一定程度上证实了两种知识共享模式更好整合与平衡的必要性和可能性。Kumar 和 Ganesh(2011)对多家企业产品研发部门的调查显示,知识编码化和知识个人化策略是可以相互促进的,受调查的一些产品研发部门知识编码化和知识个人化策略都执行得很好,而一些产品研发部门知识编码化和知识个人化策略都执行不利,体现了这两种模式间的一种微妙平衡。Greiner 等(2000)指出,知识个人化策略的重要作用在于支持创新,知识编码化策略的侧重点在于支撑效率,从这个角度,知识编码化/知识个人化的整合与平衡有助于企业更好地实现创新、效率等企业目标。

(3)动态观点认为,知识应该被看作具有不确定性和持续改变特征的动态过程,因此,知识共享模式选择依赖于知识及其情境特征。例如,Choi 和 Lee(2002)建议企业应该根据不同部门知识建立模式(社会化、外化、组合、内化)的不同动态选择不同的知识共享模式。他们通过企业调查发现,知识个人化策略更适合知识建立的社会化阶段,而知识编码化策略在知识的组合阶段似乎更有效。Kumar 和 Ganesh(2011)在印度企业的调研中发现,相较其他部门,企业产品研发部门更依赖于知识个人化策略。Scheepers 等(2004)基于案例研究对 Hansen 等(1999)的集中化观点进行了修正,指出 Hansen 等(1999)的80/20原则是有益的,但其更适用于知识管理实施初期的战略方向选择和知识共享模式优先级设定上,随后,组织应该随着时间和业务需求对它们的知识管理模式逐渐进行演变。在这一过程中,他们认为情境因素(Contextual Factors)的影响十分关键,这也是为什么一些特定的知识共享模式在一些企业能够成功,而在另一些企业则难以成功的主要原因。延续这一观点,Liu 等(2013)强调在考虑知识管理策略时应该考虑知识共享的成本/收益、知识条目数量、重用模式、知识相关利益分配等情境因素,并据此对知识编码化/知识个人化的组合做出科学决策,以达到两者的平衡。Kim 等(2014)则从权变(contingency)的角度提出了一个知识共享模式的权变模型,认为知识共享模式选择受组织信息系统成熟度和环境中知识密集度两个维度的影响:当组织信息系统成熟度和环境中知识密集度都低时,宜采用内部个人化(Internal Personalization)策略;当组织信息系统成熟度高而环境知识密集度低时,宜采用内部编码化(Internal Codification)策略;当组织信息系统成熟度低而环境知识密集度高时,宜采用外部个人化(External Personalization)策略;当组织信息系统成熟度和环境知识密集度都高时,宜采用外部编码化(External Codification)策略。

一些文献也从信息技术对知识编码化与知识个人化支持的角度探索两者的整合。Evaristo 和 Desouza(2004)认为,知识编码化和知识个人化这两种知识共享策略和两个流行的计算模型很类似:知识编码化和计算机的客户—服务器模式(Client – Server)有着类似的逻辑,而知识个人化和计算机的点对点模式(Peer to Peer)类同。因此,为了支持知识编码化和知识个人化这两种知识共享策略,特别是在分布式计算环境下,他们建议构建一种混合式的信息系统架构,以对知识编码化和知识个人化同时进行有效支撑。

一些研究也尝试从"社会—技术"(Socio – Technical)视角,探索通过信息技术方法和社会文化方式相结合的手段对两者进行支撑,例如,在 Liang(2000)报告的 DocCom 公司案例中,为了弥补知识编码和纯技术手段对跨团队隐性知识共享支持不足的弱点,他们尝试将一个面对面的交互机制整合到基于文档的经验学习系统中。Chau（2005）通过将实践社区和经验诀窍数据库整合在一起，构建了一个基于 Web 的协作环境 MASE，意图使知识编码化和知识个人化在 IT 技术的支持下有机整合起来。

2.2.3.2 企业知识共享中正式/非正式机制的整合与平衡

这部分相关议题的研究并不系统，存在不少分歧和争议，主要原因是由于人们对于承载组织知识共享活动的组织正式/非正式结构以及它们之间交互机制的理解并不统一。在梳理有关文献基础上，我们将其总结为三类观点：

（1）对立性观点，一些研究发现了组织中正式/非正式结构与机制的对立关系。例如，Willem 等（2006）在以一家跨国公司为对象的实证研究中发现，正式系统对非正式网络存在显著的负面影响（$\beta = -0.30$，$t = -4.09$）。他们调查发现，在这家企业中，正式机制存在一定程度的缺失，这时非正式网络承担了正式系统的补偿角色，但它并不十分有效，反而更加耗时；而且，这家公司的非正式网络较多地被涉及个人利益的组织政治活动所驱动（相应地，信任就有所缺乏），反而延迟了合作；再者，非正式网络及其协调机制只涉及部分成员，难以真正弥补正式系统的缺口，导致了组织中的正式与非正式机制不能很好地相互支持，反而有所损害。

（2）互补性观点，强调组织正式与非正式机制互动的积极效应。例如，徐碧琳（2005）对国内一些企业的实证研究显示，企业内的非正式组织与正式组织之间的互动具有正向效应，没有发现明显的对抗和制约。Lupton 和 Beamish（2014）对航空、软件、通信、服务等行业企业的案例研究也显示，组织正式结构为不同部门和组织单元间设定了互相依赖关系，为知识提供了共享路径和转移机会，但组织正式结构在知识共享和转移过程中常常会产生沟通不畅等一些结构障碍，这时组织中的非正式机制可以对组织正式结构的阻碍作用予以一定程度的克服，从而促进知识共享。Mueller（2015）在跨项目团队情境下，通过案例研究分析了项目间的知识共享过程，发现正式和非正式知识共享机制各司其职，起到了互相支撑和弥补的作用。

(3) 复杂性观点，该观点认为两者不是简单的对立或互补关系，而是更加复杂。例如，Ayers 等（2001）将正式机制特性细分为集权化和规范化两个维度，实证研究发现：集权化对非正式网络有显著的负面影响（β = -0.186，$p < 0.05$），而规范化则通过促进部门整合对非正式网络产生间接的正向作用。Stevenson 和 Gilly（1991）对组织问题解决活动中信息流向的观察发现，一些管理者有时会妨碍信息通过正式流程传递给组织规定的问题解决者，而是利用人际关系网络将其传递给非正式的问题解决者。很难简单评判出现这种情况的好坏，当处理模糊性高的问题时，非正式网络可能比正式渠道更有效；反之则可能正式渠道更佳。上述争议说明了两种机制交互的复杂性。针对上述争论，权变和情境复杂性观点或许能提供较好的解释。Dietrich（2006）通过案例研究指出，到底哪种协调机制适合很大程度上依赖于任务的不确定性和复杂性，在一个多团队环境中，应该允许各种不同的可替代机制的灵活应用。Rizova（2005）的观点给了我们一个很好的提示，即强调正式与非正式机制的双螺旋（Double Helix）和相互促进。例如，他通过 6 个研发项目、涉及 42 名项目人员的社会网络分析发现，那些既是非正式网络中心性成员又是正式组织赋予职责权力的管理者所领导的项目更可能取得成功。

2.2.4 研究简评

从上述已有研究成果的介绍可以发现，企业内部正式/非正式知识共享平衡的有关研究离不开企业内部情境的影响。这些情境包括企业的组织结构及协调机制、企业部门及员工间关系、企业的文化与信任、知识本身特性、信息技术使用等。这些因素和企业各种正式/非正式机制交织在一起，对企业内正式与非正式知识共享产生重要影响。

2.2.4.1 组织结构及协调机制

毫无疑问，组织结构及协调机制是影响企业知识共享的重要因素：短期看，一个企业的组织结构与协调机制限定了组织的知识流动与共享；长期看，特别是对那些在竞争中成功生存下来的企业而言，是知识建立、共享机会的配置决定了组织结构、流程及其协调。因此，从长期来看，企业内的正式/非正式知识共享活动与组织的结构、协调机制会互相影响，形成一种既定的知识共享情境。而且，企业的组织结构及协调机制也有正式与非正式之分，如具有正式特征的企业正式结构和规范化管理系统，以及具有非正式特征的非正式网络、共享价值观等，它们对企业内正式与非正式知识共享活动影响深重。

2.2.4.2 企业部门及员工间关系

企业内部门及员工间关系也是影响企业内部知识共享的重要因素。遵循组织中正式与非正式结构及行为的区分，企业内部门及成员间关系也可以分为正式工作关系与非正式关系两种。正式关系是组织为了追求组织效能最大化而有意进行组织设计的结果，它对知识共享的驱动力来自任务导向、纵向层级整合和横向业务协作。非正式关系则来自组织成员在工作中或工作时间以外的人际交往与自愿合作，它对知识共享的驱动力源自成员间的人际信任和社会交互。由于知识共享活动本质上也是一种社会交互，因此，部门及员工间正式与非正式关系构筑了企业内社会交互和知识共享的渠道。

2.2.4.3 企业文化与信任

企业文化对包括知识共享活动在内的几乎所有组织活动都有深刻影响。研究显示，企业文化对企业正式与非正式知识共享有着显著影响。例如，Prencipe 和 Tell（2001）通过案例研究发现，以规范化和流程为导向的企业文化更容易催生知识编码化，而具有较鲜明接纳与合作特征的企业文化则容易导致知识个人化。Lemon 和 Sahota（2004）发现，控制倾向于较强的企业文化之下，知识倾向于被编码化并存在于组织结构、规则和流程之中，相应的知识共享机制以正式知识共享为主；而有着更高个体自主性与群体交互性的鼓舞型文化下，更注重非正式关系与协作，非正式知识共享得到了很好的鼓励。另外，作为知识共享最强有力的黏合剂，信任对企业内知识共享的重要性不言而喻。组织中的信任可以减少员工交往的机会主义行为，提高员工的互助和知识共享意愿。

作为一种社会现象,信任的产生需要一个良好的社会环境,因此,企业文化对企业中的信任有着直接影响。受既定企业文化影响,企业中上级与下属以及员工间的信任度亦有所不同,相应地,也会带来不同的正式/非正式知识共享效果。

2.2.4.4 知识本身特性

知识本身的特性是影响知识共享的重要变量,其中最具影响的特性就是知识复杂性。Hansen(1999)从可编码/不可编码(Codified/Noncodified)和独立/依赖(Independent/Dependent)两个方面考察知识复杂性。Willem等(2006)则从可编码性、可授性(Teachability)和隐性三个方面度量知识复杂性。他们对一家英国跨国企业的研究发现,知识复杂性一定程度上主导着组织内跨部门知识共享的可能性,由知识复杂性引发的问题很难被不同类型的共享机制(无论是正式还是非正式知识共享机制)完全补偿,因为共享复杂知识通常是困难而费时的,需要人们投入大量努力。不同部门间较多的共同知识(Common Knowledge)有利于降低部门间知识共享的难度,对知识共享效果产生积极影响。

2.2.4.5 信息技术使用

随着信息技术的发展,信息系统对企业知识共享的作用日益突出。通常,一个不能有效利用信息技术的企业,很难在知识管理和知识共享方面取得成功。而且,企业的正式与非正式知识共享也往往与信息技术使用密不可分。例如,当一个企业采用以正式知识共享为主的知识编码化策略时,它必须在信息技术方面进行大量投资以收集和存储专门知识。而群件、在线社群等信息技术的使用,则会加速组织的分散化,使组织成员间面对面接触的需求和相互依赖性有所降低,为成员间以计算机为媒介的正式或非正式交互构筑通道。

综合国内外研究可见,学者们在界定企业内正式与非正式知识共享概念基础上,以管理科学、系统科学和社会科学理论为主要理论基础,利用观察、访谈与案例、数理分析、问卷调查及实证研究等多种研究手段,对企业内正式与非正式知识共享的研究侧重点、二者的整合及平衡、各种情境因素的影响等进行了深入研究（主要研究议题关系如图2-1所示）。

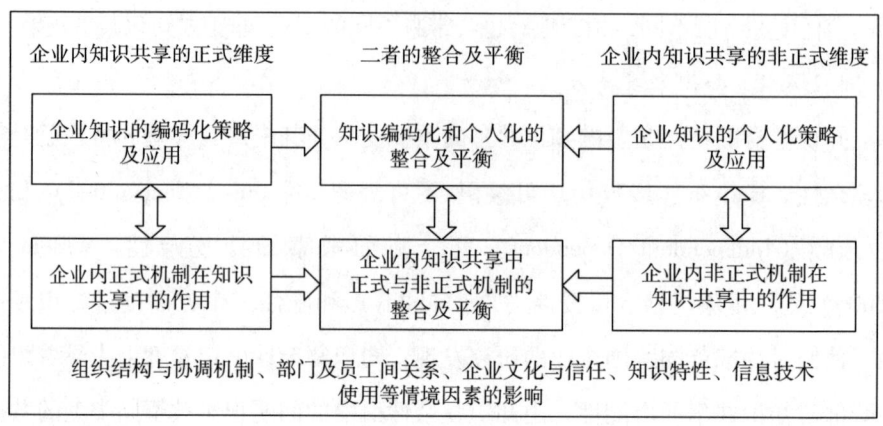

图2-1 已有研究议题关系

已有研究在企业正式与非正式知识共享方面已经取得了很多研究成果，但也存在以下不足：

（1）现有研究对企业内正式与非正式知识共享的相关维度及交互机制的解释，如知识编码化与个人化的关系、正式结构与非正式网络的关系等，仍存在一定分歧与争议。而事实上，如果不能深入地理解它们的关系，二者的整合研究也就成为无源之水、无本之木，也很难在实践中充分发挥二者平衡的力量去达到理想的知识共享效果。

（2）现有研究中，对组织结构、协调机制、部门及员工间关系、信任等情境因素在企业内知识共享中作用的讨论和实证研究并不鲜见，但以企业内正式与非正式知识共享的平衡为核心、深入研究各种情境因素的复杂关系及其调控机制的文献并不多见，这使现有理论在面对企业内复杂动态的情境变化时，往往显得力不从心。

针对上述问题，充分考虑企业内正式与非正式知识共享模式交互的复杂性，将两者的交互及它们所嵌入的情境看作一个复杂适应系统，运用复杂适应思想探索企业内正式与非正式知识共享的平衡机理和调控机制，或许是一种有益的尝试。

2.3 本章小结

作为企业内常见的两类重要知识共享模式，正式与非正式知识共享是企业知识管理相辅相成的两个重要议题。本章总结企业内正式与非正式知识共享方面的已有研究成果，重点从企业内正式与非正式知识共享的界定、两者的研究侧重点、两者的整合及平衡等几个方面进行文献综述，为后续研究奠定基础。

第3章 企业内正式与非正式知识共享的二元悖论及其平衡策略

3.1 企业内正式与非正式知识共享的二元悖论

企业内正式与非正式知识共享的平衡有其内在需求。Venkitachalam 和 Willmott（2017）从战略性知识管理的高度，强调在日益全球化和高度互联的商业环境中，战略性地运用知识对企业竞争至关重要，而战略性运用知识的关键就是平衡地运用不同的知识共享模式。单方面强调某一种知识共享模式，容易陷入"知识结构化"（Knowledge Structuration）或"知识扩散化"（Knowledge Proliferation）的单方面陷阱，从而偏废了另一方面，长期来看会对企业的工作效率或者创新能力带来损害：单方面强调编码化等正式知识共享模式可能有利于工作效率提升，但长期来看不利于企业创新；单方面强调个人化等非正式知识共享模式可能有利于创新，但长期来看可能妨害企业效率提升。因此，为了保持企业持久的工作效率和创新能力，需要在不同的知识共享模式间取得一定的平衡。即使企业在发展过程的某些阶段或具有不同知识特点的某些部门，可能出现不同知识共享模式有所侧重的现象，但从企业长期发展和整体看，不同知识共享模式的平衡仍是企业良好发展的内在要求。

第3章 企业内正式与非正式知识共享的二元悖论及其平衡策略

对企业内正式与非正式知识共享平衡的另一个需求则来自知识演化的内在需要。正式知识共享模式较适用显性知识共享，而非正式知识共享模式则更适于隐性知识共享。知识演化过程中显性知识和隐性知识的内在交互需求要求这两种知识共享模式也应充分契合，以达到更好的知识传播效果。然而，正式知识共享与非正式知识共享作为组织知识共享的两个相对侧面，企业在调控两者时常常陷入非此即彼的二元悖论之中：一方面，企业中较多的正式知识共享机制虽然有利于知识在可控范围内有目的共享和转移，但强调正式机制却可能弱化非正式机制的影响，由此导致组织内隐性知识共享不足的机会损失（简称隐性知识损失）；另一方面，较多的非正式知识共享机制，虽然有利于提高知识传播的渗透性和灵活性，但强调非正式机制却可能弱化正式机制的影响，由此导致企业内知识显性化不足的机会损失（简称显性知识损失）。

上述悖论，可借助一个模型加以说明，模型假设：

(1) 企业知识共享状态 s 是一个取值范围从"完全正式"（记为 c-formal）到"完全非正式"（记为 c-informal）的连续区间，记为：

$$s \in [c-formal, c-informal] \quad (3-1)$$

(2) 企业知识共享不足的总损失 TL 由知识显性化不足的机会损失（简称显性知识损失，记为 EL）和隐性知识共享不足的机会损失（简称隐性知识损失，记为 IL）构成，即：

$$TL(s) = EL(s) + IL(s) \quad (3-2)$$

(3) 显性知识损失函数 EL(s) 在组织知识共享状态区间 s 上是连续且单调递增的，随着组织知识共享状态逐渐远离"完全正式"状态，显性知识损失逐渐上升，并且知识共享状态越接近"完全非正式"状态，显性知识损失上升速率越快，即：

$$EL'(s) \geq 0, \quad EL''(s) > 0 \quad (3-3)$$

(4) 隐性知识损失函数 IL(s) 在企业知识共享状态区间 s 上是连续且单调递减的，随着知识共享状态逐渐向"完全非正式"靠近，隐性知识损失逐

渐下降,并且知识共享状态越接近"完全非正式"状态,隐性知识损失下降速率越慢,即:

$$IL'(s) \leq 0, \quad IL''(s) > 0 \tag{3-4}$$

上述模型如图3-1所示,纵轴代表知识共享不足导致的机会损失,横轴代表企业知识共享状态。

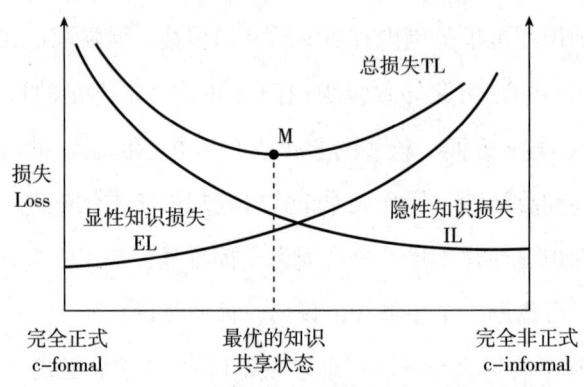

图3-1　企业内正式与非正式知识共享二元悖论模型

由上述模型可知,在知识共享状态"完全正式"的极端情况下,显性知识损失最小,而隐性知识损失很高;在"完全非正式"的极端情况下,隐性知识损失最小,显性知识损失却很高。企业要追求知识共享不足的总损失最低,需要在显性知识损失和隐性知识损失之间进行权衡,即在知识共享的正式机制与非正式机制之间寻求一种平衡。根据上述模型,该平衡点满足 $|EL'(s)| = |IL'(s)|$,在该点处显性知识边际损失的上升刚好抵消隐性知识边际损失的降低(如图3-1中M点所示),该点也是给定显性知识损失和隐性知识损失函数曲线下,最优的企业知识共享状态。

由于复杂动态的企业内外部环境,企业在实际调控中很难将两种知识共享模式稳定在平衡点,导致二元悖论出现。而且,即使在平衡点M,一个企业仍可能由于显性知识损失和隐性知识损失曲线取值较高而导致较高的总损失。因此，从长期来看，企业仍然可以通过优化显性知识损失和隐性知识损失曲线来逐步降低最优点的总损失。

3.2 悖论的复杂性成因分析

企业知识管理实践中，上述正式与非正式知识共享二元悖论的彻底解决，即寻求组织知识共享总损失最小，并不容易，究其原因，主要来自知识共享的对象（即知识）、主体（即企业中参与知识共享的部门及成员）及情境（即组织结构、部门及员工间关系、组织文化、信息技术应用等特定的组织情境）三方面的复杂性：

3.2.1 正式与非正式知识共享对象复杂性

知识共享对象即知识，可分为显性知识和隐性知识。正式知识共享的特点使其更适合显性知识共享；非正式知识共享则更适合隐性知识共享。显性知识和隐性知识特性具有明显的不同：显性知识可抽象化并存于客观世界，无须知识主体参与即可理解和共享，易于交流和转移；隐性知识在缺少知识主体时难以交流、理解和应用，而且由于隐性知识的行动导向和个体化特征，只有主体间高度信任及紧密互动才可能达到共享目的。在有明显区别的同时，二者又互相依存：如果把知识看作由隐性知识和显性知识为两极的连续统一体，则现实中的绝大多数知识介于完全显性和完全隐性之间，是隐性知识和显性知识的结合体。可见，两者既对立又统一，有着复杂的作用关系。由此，导致以它们为主要对象的正式与非正式知识共享难以管控。并且，显性知识和隐性知识常处在不断转化和持续改变的动态过程中，进一步加剧了正式与非正式知识共享调控的难度。可以断言，正式与非正式知识共享二元悖论很大程度上根源于显性知识和隐性知识的关系复杂性。

3.2.2 正式与非正式知识共享主体复杂性

知识共享主体即企业中参与知识共享的部门及成员。企业内正式与非正式知识共享二元悖论出现的原因还来源于知识共享主体的复杂动态行为。企业中知识共享主体行为按其正规化程度可以划分为正式行为与非正式行为，它们与承载它们的企业正式机制及非正式机制一起在知识共享中发挥重要作用。相对而言，正式知识共享较多地依赖组织正式机制及正式行为；非正式知识共享更多地依赖非正式机制及非正式行为。企业中正式机制与非正式机制的交互是十分复杂的。至今，学者们对它们的关系与作用机制仍缺乏共识。而且，由于企业中正式机制对依附于它的非正式机制具有一定的重塑能力，又使一个企业的正式机制与非正式机制的交互总是随着组织的调整和人员的变动不断变化，进一步加剧了知识共享主体行为的复杂性。企业中正式机制与非正式机制这种喧嚣而共生的复杂作用关系，直接导致了以它们为主要载体的正式与非正式知识共享行为难以管控和平衡，形成正式与非正式知识共享二元悖论。

3.2.3 情境复杂性

在一个企业中，无论知识共享对象还是知识共享主体都不可避免地嵌入组织结构、部门及员工间关系、组织文化、信息技术应用等特定的组织情境中。以组织文化为例，Lemon 和 Sahota（2004）将组织文化细分为控制型（Controlled）、模糊型（Fuzzy）、鼓舞型（Inspiring）与培育型（Cultivated）四种类型。不同组织文化类型下，正式与非正式知识共享交互特征有所不同。控制型文化强调规则和泰勒式的"科学方法"，人们有着严格的工作关系，创造性通常不被鼓励。在这种文化下，知识倾向于被编码化并存在于组织结构、规则和流程之中，相应的知识共享机制以正式知识共享为主。模糊型文化下，创造性被组织基本文化所允许，但组织只提供有限的任务辅助或指导，专家个体在其专业领域相关知识的应用、获取方面表现出较高的自主性和判断力。在这种文化下，以一种一致、合乎逻辑的方式应用已有抽象知识（Embrained Knowledge）的专家是关键的知识代理人，知识共享主要表现为正式的专家知识在各自专业领域内的共享。这种文化下，隐性知识的应用受到一定限制，而且，容易导致组织成员共同观点与愿景的缺乏，使组织协调与知识共享不力。鼓舞型文化有着更高的个体自主性、开放式沟通与群体交互性，更注重非正式关系与协作，鼓励创新与改变。在这种文化下，组织的正式与非正式知识共享开始整合，显性知识被用来解决工作中的问题，隐性知识也通过试验与问题解决得以传播。培育型文化的组织为提高员工创新能力，为他们提供相应的工具与技术培训，激励员工的创新思维；授权式的管理方式不仅用于创新性工作，也应用于一般的生产运营；组织成员有着良好的关系和很高的信任度。在这种文化下，知识根植于组织例程与文化之中，正式与非正式知识共享以及不同类型的知识得以充分地交互与整合，组织的创新能力不断拓展。Lemon 和 Sahota 同时指出，上述不同文化及知识共享模式转换不一定非要从控制型向培育型过渡，而应该和不同的组织情境相适应。

再以组织结构和信息技术使用为例，Liao（2007）通过 195 家企业的实证研究验证了组织结构对知识共享策略与创新关系的调节作用：当一个企业采用以知识个人化为主的非正式知识共享策略时，集权化或者技术集中化（Technocratization）式的组织结构有利于提升企业创新，当一个企业采用知识编码化为主的正式知识共享策略时，技术集中化是唯一有利于企业创新的组织结构形式。Liao 在解释上述结论时指出，当一个企业采用以非正式知识共享为主的知识个人化策略时，社会交互通常被认为是组织知识积累的主要途径，知识发源于非正式的社会网络，正式结构和标准化流程一定程度上可能会被企业成员忽视。相应地，这种企业面对的主要挑战是如何以一种相对简单的形式对规则流程进行编码，使组织成员容易存取和理解它们。这时，集权化和技术集中化式的组织结构可以在这方面提供帮助。当一个企业采用以正式知识共享为主的知识编码化策略时,它必须在信息技术方面进行大量投资以收集专门知识和促进成员沟通。先进信息技术的采用,加速了组织的分散化,组织成员间面对面接触的需求和相互依赖性有所降低,这时,技术集中化是唯一有利于企业创新的组织结构。Liao 的研究为企业组织结构、信息技术使用与知识共享模式间复杂权变关系的揭示提供了一个很好的范例。

再比如部门及员工间关系,研究显示,企业内部门及员工间关系是影响知识共享的重要因素。Rank(2008)通过两家德国跨国企业高层管理者战略决策过程中合作关系的网络分析揭示了企业中部门及人际间关系在知识流动及共享中的重要作用:高层管理者们在参与战略制定过程中广泛地利用非正式的私人关系进行沟通和知识共享,而一些预设的正式关系却常常被有意忽视。Tsai(2002)通过一家大型塑料制品企业24个业务单元的研究,显示了业务单元间竞争或协作关系对知识共享的影响:业务单元间的外部市场竞争关系会加重纵向层级集权化对知识共享的负面效应,但却会增强单元间横向非正式社会交互对知识共享的正效果。上述研究表明,部门及员工间关系与企业知识共享活动间有着复杂的作用关系。

可见,情境复杂性使企业不可能以一种简单思维去管理知识共享。当企业对其自身知识共享状况与情境因素的适配关系缺乏清醒认识而采取了不恰当的调控策略时,正式与非正式知识共享的不平衡会进一步加剧,增加上述悖论的解决难度。

3.2.4 三者叠加的复杂性

悖论复杂性成因更大的挑战还在于上述三类复杂性成因的叠加和放大效应。

首先,知识共享客体和主体具有主客体相互依赖性,例如隐性知识很难离开隐性知识创造和共享的主体去独自显现,离开了一方,则另一方也难以获得自身的规定。它们以知识共享活动中的物质工具、思维工具和语言符号系统为中介相互规定、相互依赖，很难脱离任何一方而独自存在。

其次，知识共享主体和客体都离不开企业的各类组织情境，知识共享客体，即知识，通常是情境化，其产生和共享一般都有其特定的上下文，脱离了情境、知识，特别是隐性知识，经常会失去其原义。新经济社会学的嵌入性原理也揭示了知识共享主体、客体和各种社会交互情境的相互依赖性，一定程度上知识共享主体、客体以及赋予它们上下文含义的情境是难以分割的整体。因此，这三类复杂性成因的复杂性叠加，进一步加剧了悖论解决的难度。

3.3 悖论的解决：基于复杂适应系统观点

上一节成因分析表明，由于知识共享对象、主体和情境的复杂性，寻求企业内正式与非正式知识共享的平衡并非易事，导致正式与非正式知识共享二元悖论的产生。基于悖论的复杂性成因，笔者尝试提出一种基于复杂适应系统理论视角的解决框架。

3.3.1 基于复杂适应系统理论的企业知识共享观

复杂适应系统（Complex Adaptive Systems，CAS）理论由复杂理论和非线性科学先驱约翰·霍兰（John Holland）于1994年提出。复杂适应系统理论提出后，迅速引起了学术界关注，被学者们广泛用于观察和研究不同领域的复杂系统。约翰·霍兰在《隐秩序——适应性造就复杂性》一书中将复杂适应系统定义为"由用规则描述的、相互作用的主体组成的系统"。具有适应能力的主体（Adaptive Agent）是复杂适应系统理论中的核心概念，其核心特征是适应性，能够主动发现外界的信息和刺激，选择合理有效的行为规则，通过自己的内部模型对外界做出反应，把外界环境的变化转化成内部结构的变化，并能够接受反馈回来的信息,修正行为规则,提高主体行为的有效性。

复杂适应系统具有一定的通用特性,约翰·霍兰围绕适应性主体提出了复杂适应系统的七个重要特点:聚集(Aggregation)、非线性(Non-linearity)、流(Flow)、多样性(Diversity)、标识(Tagging)、内部模型(Internal Model)和积木机制(Building Blocks)。其中,聚集、非线性、流和多样性是主体的4个基本特性,在主体适应和进化中发挥作用,而标识、内部模型和积木机制则是主体与环境进行交流时的3种基本机制。这七个特点在企业知识共享系统中都能得到明显体现。

(1)聚集。聚集指单个主体在一定条件下,在双方彼此接受时,组成一个聚集体,在系统中像单个主体那样行动。聚集体现了复杂适应系统中单个主体通过相互作用形成总体行为的特性。体现在企业知识共享系统中,则表现为企业中一系列承载个体知识共享活动的正式组织和非正式组织,如正式的项目组、科层部门、子公司和非正式团体等。它们使企业知识共享不仅是企业员工的个体行为,还具有聚集在一起进行活动的集体特征。

(2)非线性。非线性指主体自身属性变化及主体间相互作用并非遵从简单的线性关系,而是在与系统或环境的反复交互作用中呈现多向循环、反馈、互为因果等复杂关系。企业知识共享系统中,参与知识共享的部门及成员的自身行为和互动也不是简单的线性关系,而是呈现相互影响、复杂交互的非线性特征。

(3)流。流指主体之间以及主体与环境之间存在物质流、能量流和信息流。流的渠道通畅与否、周转速度快慢等特性都会直接影响系统演化过程。在企业知识共享系统中,同样在参与知识共享的部门及成员之间存在各种流,伴随着产品生产和服务的物质流以及相应的事务流、知识流等,它们的周转与流通直接影响着企业知识共享系统的演化过程。

(4)多样性。多样性指系统各层次中存在多样化的各种主体。在适应过程中,由于各种原因,主体会发生分化,表现出多样性。每个主体也都有自己

第3章 企业内正式与非正式知识共享的二元悖论及其平衡策略

生存的小生境（Niche），与其他主体相互依赖和作用。在企业知识共享系统中，参与知识共享的部门及成员同样表现出各种各样的差异性。他们不断互动和变化，在不同的小生境和情境下进行知识共享，体现出各种各样的可能性和多样性特征。

（5）标识。标识指主体用于区别其他主体的显著特性。标识能够促进主体的相互识别和选择，使特定主体能够与其他主体聚集或分开，从而为主体与其他主体以及环境间的相互作用提供重要的识别与选择手段。在企业知识共享系统中，不同的知识共享角色都有其标识，如知识贡献者、知识搜寻者、知识中介者等。正式知识共享中的员工或部门的工作职责，非正式知识共享中员工共同的兴趣爱好和相似的身份认同等都是知识共享的有效标识机制，促进了企业内部的正式与非正式知识共享。

（6）内部模型。内部模型是一种支持主体能够实现预知的机制，体现了主体适应性的内部机制。它是主体在环境适应过程中逐步建立起来的反应规则。主体在适应过程中接受外部刺激，做出适应性反应，并调整自身内部结构，体现了主体的内在主动性。内部模型的调整和变化使主体能够预知类似情形下的可能后果，从而更好地适应环境。在企业知识共享系统中，部门及员工参与知识共享的过程也是他们不断进行知识学习的过程。在这一过程中，新的知识也不断被创造出来，促进部门及员工的内部模型不断更新，使其对未来行动结果能够更有效地预知，从而更好地适应企业内外部环境。

（7）积木机制。积木机制是一种还原机制，将复杂事物分解为若干相对简单的部分，通过改变已有规则的组合方式，从而能够在新的场景中运用已有规则和内部模型指导行动，解决新问题。已有规则被形象地称为积木块，它们形成了新规则的产生基础，指导内部模型的生成和更新。在企业知识共享系统中，员工个体知识结构及其所属业务单元的知识构成都发挥着类似积木块的作用。在企业工作实践中，新知识在这些积木块的基础上通过已有规则的改变和实践场景的反复检验被创造出来，充实已有积木块，以应对新的问题。

基于上述7方面特性，可见，企业知识共享系统具有复杂适应系统的典型特征。研究也显示，遵循复杂适应性知识管理流程的企业将在改善员工知识绩效的同时，获得成熟的知识管理能力，从而能够更好地对市场环境中的动态变化做出正确、快速的响应。因此，从复杂适应系统理论角度考察企业知识共享活动有助于更好地指导企业知识管理：

（1）复杂适应系统理论视阈下，主体与环境的相应作用是系统演变和进化的基本动力。因此，在管理企业知识共享活动时，应重视有利于知识共享的情境营造，以便为员工的知识共享活动提供有利的环境，促进员工个体与其他员工以及环境的良性互动，为企业知识共享系统的演变和进化提供动力。

（2）根据复杂适应系统理论，系统一些重要的整体特性是在混沌和随机过程中产生。复杂适应系统具有在有序和无序之间取得某种特殊平衡的能力，这一平衡点称作"混沌边缘"（Edge of Chaos），即系统介于秩序和混沌之间的一种动态平衡状态，系统中各要素不会静止于某一个状态，但也不会动荡至解体，而是运行在一种特殊的有界非稳定状态。"混沌边缘"被认为是复杂适应系统一种比较理想的状态，也是创造力的源泉，可以带来"复杂性优势"。因此，在管理企业知识共享活动时，应通过关键情境变量的调控去促使企业知识共享系统向混沌边缘演进，维持某种平衡。这一思路也与一些学者提到的"知识共享只可通过影响环境来间接引导知识共享主体的行为而非'管理'"的理论观点一致。在考察和促进企业正式与非正式知识共享时，我们也遵循这一思路，将研究重点放在有利于促进企业正式与非正式知识共享的情境创设和环境营造上，引导两者向"混沌边缘"演进，以达到一种动态平衡，促进知识涌现和创造。

（3）复杂适应系统理论通过微观层次的刺激反应模型和宏观层次的回声模型，把宏观和微观有机地联系在一起。刺激反应模型描述了微观层次下各主体的基本行为模式，主体的行为系统由探测器、规则集合和效应器三个部分组成。主体通过探测器接收外部刺激，通过规则集合确定对外部刺激的反应规则,并通过效应器做出反应行为。在这一过程中,与某一主体相互作用的其他主体和外部环境构成了刺激源,刺激主体采取某种行为,他们通过对主体行为的各种反馈,促进主体进行规则优化和学习。回声模型则在刺激反应模型基础上,通过"资源"(Resource)和"位置"(Site)等概念的引入,描述了主体的相互调适和交互作用,从宏观层次对系统行为进行描述,将个体适应行为和系统演化联结在一起,表明微观个体的适应进化可以使宏观系统呈现出新的状态和结构。在企业知识共享活动中,任一员工的行为都受企业其他员工和组织环境的影响,是其他员工和组织环境刺激下的反应行为。个体的适应行为会带来宏观的变化,促进宏观系统的演化。因此,创设有利于知识共享的组织情境对激发员工知识共享行为并促使员工个体行为向宏观群体层面演化至关重要。

通过上述分析可见,企业的知识共享系统可看作一个复杂适应系统。在企业知识共享过程中,员工、部门等都是具有适应性特征的主体。基于复杂适应系统的特点,员工、部门等主体的交互和相互作用是复杂动态的,总是处于变化、转换、调整之中。因此,寻求企业知识共享系统稳定平衡是十分困难的。一些学者也指出,处于动态过程中的复杂适应系统往往很难确定什么是最佳的平衡状态。所以,从复杂适应系统观点看,基本否定了寻求正式与非正式知识共享间稳定的最优平衡点的可能性,而应采取一种更灵活的调控策略。

3.3.2 基于复杂适应系统的悖论解决对策

基于复杂适应系统理论可以发现,企业内正式与非正式知识共享的二元悖论来源于知识共享主体、客体和情境三方面的复杂性,并且三方面复杂性叠加起来,进一步加大了问题复杂性,因此,针对单方面复杂性成因的解决策略很难生效,需要将三者看成一个整体加以调控。并且,调控的目的不是为了追求一种所谓理想中稳定的平衡状态,重在创设有利于加强员工、部门等主体良性互动的情境。在调控策略上,应避免过多地管控和规制,而以"适应、调整和变革"为主。

3.3.2.1 在调控对象上,以情境因素调控为主

员工、部门等某一特定主体在知识共享过程中,其他主体的行为在不停变化,所以一个特定主体的正式或非正式知识共享行为及其效果,很大程度上依赖于系统中由其他主体组成的不断变化的情境。因此,情境的调控对引导主体知识共享行为、消解正式与非正式知识共享二元悖论有重要意义。另外,从悖论复杂性成因的三方面来源看,知识共享主体,即部门及成员,则具有适应性特征的主体,适应性造就了复杂性,是企业知识共享系统这种复杂适应系统演化的核心动力。但部门、成员等主体的适应性和能动性使他们面对某个情境因素发生变化时,其反应和行为也会相应地发生改变,未必会"规行矩止"。因此,对主体进行过多的管控和规制,就可能限制主体行为及内部模型的多样性,从而降低主体适应度,也不利于企业知识共享和知识创造。而知识共享对象,即显性知识和隐性知识,其创造与转化有其内在规律,本质上是一个自组织过程,过多的外力干扰有可能破坏其自组织特征,从而抑制知识共享与创新。另外,知识和产生它们的情境有着千丝万缕的联系,因为本质上知识是情境化的,很难脱离产生它们的情境独立存在,由此突出了情境的重要性。情境因素的影响则在于它们为知识共享对象与主体的演化提供了关键的环境变量,当它们有利于知识共享对象及主体的自组织与演化时,可以有效地消解上述悖论;反之则可能导致知识共享对象与主体已有不均衡现象进一步扩大,加剧上述悖论。因此,为了消解上述悖论,基于三种悖论复杂性成因的调控难度和调控可能性,企业应将调控重心放在组织结构、部门及员工间关系、组织文化、信息技术应用等情境因素上,在有利于知识共享对象和主体交互的情境创设上"下功夫"。

3.3.2.2 在调控策略上,以"适应、调整和变革"为主

对于具有复杂适应系统特征的企业知识共享系统,依靠简单、机械的管理方式很难生效,因此,企业应避免简单地依靠自上而下的行政命令来管理知识共享活动,而应在管理策略上有所转变,将管理重心放在"适应、调整和变

第3章 企业内正式与非正式知识共享的二元悖论及其平衡策略

革"上,鼓励自组织与强化正反馈,通过情境的创设有效缩小正式与非正式知识共享的情境距离,使企业内正式与非正式知识共享对象、主体以及情境因素充分融合,为企业的知识共享与知识演化创造一个良好的环境。

为了进一步分析情境因素调控对上述悖论的影响,在图3-1所示模型基础上,考虑情境因素对两种知识共享模式的调节效应,引入情境因素对正式知识共享的调节函数 SF(s) 以及对非正式知识共享的调节函数 SI(s),则组织知识共享不足的总损失函数在式(3-2)的基础上修正为:

$$TL_1(s) = SF(s) \times EL(s) + SI(s) \times IL(s) \qquad (3-5)$$

式中,SF(s) >0,SI(s) >0,其他含义同式(3-2)。

基于上式,企业知识共享不足的总损失被看作知识显性化不足和隐性知识共享不足的损失函数被情境因素调节后的结果。为了便于分析,不妨将某一既定时点下情境因素的影响固化为相应的系数,即令 SF(s) = sf (sf >0),SI(s) = si (si >0)。情境因素对相应知识共享模式的匹配度越高,带来的损失越小,则系数 sf 和 si 的取值越小;反之则越大。

最终,考虑了情境因素影响的模型修正为:

$$EL_1(s) = sf \times EL(s) \qquad (3-6)$$

$$IL_1(s) = si \times IL(s) \qquad (3-7)$$

$$TL_1(s) = EL_1(s) + IL_1(s) = sf \times EL(s) + si \times IL(s) \qquad (3-8)$$

$$EL_1'(s) = sf \times EL'(s) \geq 0, \quad EL_1''(s) = sf \times EL''(s) > 0 \qquad (3-9)$$

$$IL_1'(s) = si \times IL'(s) \leq 0, \quad IL_1''(s) = si \times IL''(s) > 0 \qquad (3-10)$$

通过情境因素的调控,使情境与正式/非正式知识共享的匹配度增加,则系数 sf、si 的值降低,相应地,显性/隐性知识损失曲线下降。改进后的显性/隐性知识损失曲线如图3-2中实线所示,虚线为原有曲线。

通过情境的改善,创造适合正式与非正式知识共享整合的组织环境,有助于显性知识损失与隐性知识损失曲线同步下降,从而使总损失降低。因此,即使组织知识共享状态达不到新曲线下的最优点 M′,仍可能通过调控达到 L′点、

N′点等次优位置，它们仍然优于原有曲线最优点 M，从而使企业内正式与非正式知识共享不平衡现象得到缓解，上述悖论得到一定程度的解决。

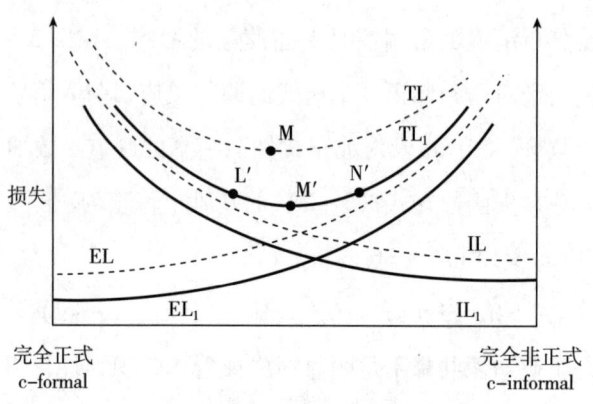

图 3-2　基于情境因素调控的悖论消解模型

3.4　基于复杂适应系统的正式/非正式知识共享平衡策略

在上述悖论解决思路基础上，本书提出一个基于复杂适应系统的正式/非正式知识共享平衡策略框架：围绕知识共享主体（员工、部门等）和客体（显性知识和隐性知识），以组织结构、组织协调机制、员工关系和组织信任等关键情境因素为调控对象，在揭示相关因素正式维度和非正式维度互动规律基础上（如组织结构中正式结构与非正式网络的互动关系、组织协调机制中具有正式特点的规范化管理系统和非正式特点的共享价值观、员工关系中正式的工作关系和非正式的私人关系、信任机制中具有正式特点的制度信任和非正式特点的人际信任等），通过有效的管理设计促进正式维度和非正式维度的整合,以此缩小正式、非正式知识共享的情境距离,使知识主体、客体和情境更好地交互,促使组织知识共享系统向混沌边缘演进,形成复杂性优势,达到一种理想的自组织状态,从而实现正式与非正式知识共享的平衡。上述平衡策略框架如图3-3所示。

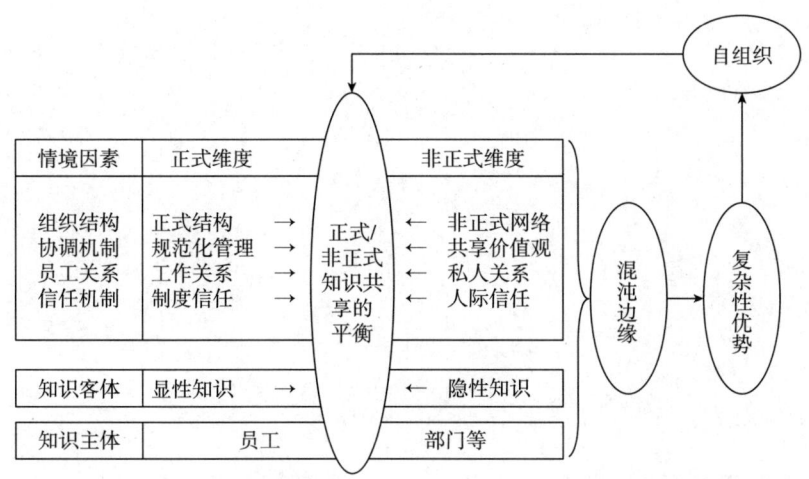

图3-3 基于复杂适应系统的正式/非正式知识共享平衡策略框架

3.5 本章小结

正式与非正式知识共享的协调和平衡有利于企业知识共享能力和创新能力的提高。然而,许多企业在管理两者时却常陷入非此即彼的二元悖论之中,使知识共享潜力难以充分发挥。本章分析了导致正式与非正式知识共享二元悖论的复杂性成因,在复杂性成因基础上,从复杂适应系统视角提出了解决上述悖论、实现正式与非正式知识共享平衡的一种策略框架:在调控对象上以组织结构、组织协调机制、员工关系和组织信任等情境因素为主，在管理策略上以"适应、调整和变革"为主，通过管理设计有效缩小两种知识共享模式的情境距离，加速两者互动和融合，达到促进两者平衡的目的。后续章节将围绕知识及有关情境因素进行详细讨论，以期在揭示相关因素正式和非正式维度互动规律基础上，通过调控拉近两者情境距离来实现平衡。

第 4 章　企业内正式与非正式知识共享的知识特性维度

——显性知识和隐性知识的平衡

4.1　显性知识和隐性知识

自学者根据知识可呈现程度提出显性知识和隐性知识的概念以来，两者就几乎成为知识管理领域公认的、传播度最广的一对概念。对显性知识和隐性知识的论述，较早可追溯到 20 世纪 60 年代迈克尔·波兰尼（Michael Polanyi，1966）对知识隐性维度的讨论。他开创性地指出了知识具有隐性维度，体现了人类一种"难以表达的智慧"，引发人们对隐性知识和显性知识的关注，并逐渐发展成为目前广为人知的概念。

显性知识和隐性知识的概念在现代知识管理领域之所以如此重要，是因为两者形象地描述了人类知识中能够表达和难以清晰表达的不同组成部分。显性知识表达了人类知识中那些已表达、易表达和可明确表达的部分，表达方式可以是文字记录、文件、手册、报告，也可以是数字、图片、声音、影像等，形式可以是传统文件也可以是电子文档。隐性知识指人类知识中那些难以通过文字记录或语言表达的知识。这类知识建立在个体对外部世界的感知和经验基础之上,根植于个体的信念、观点、价值观、心智模式、情感要素和行动之中,具有个性化、情境化、不易观察、难以表达的特点。除了个体层面,隐性知识也可以表现在群体或组织层面,体现为群体或组织的经验、技术诀窍、组织文化、规范与惯例等。表 4-1 显示了显性知识和隐性知识特性的比较:显性知识的优势在于易于表达、编码和转移,而隐性知识则难以结构化、编码化和独立于个体进行存在与转移。

表 4-1 显性知识和隐性知识的比较

	显性知识	隐性知识
存在形式	存在于人的头脑中	存在于文字记录、文件、手册、报告等
可表达性/编码性	可表达/编码	难以表达/编码
结构化程度	结构化	难以结构化
可转移性	容易转移	难以转移

这两类知识是企业知识的重要组成部分,Delphi Group（2000）对近 700 家企业的一项调查显示,存在于员工头脑中的隐性知识约占企业总体知识的 42%,以纸质文件存在的显性知识占 26%,以电子文档存在的显性知识占 20%,以电子知识库存在的显性知识约占 12%。可见,隐性知识和显性知识都在企业知识中占据重要地位,是企业发展和获取竞争优势的重要动力。

作为知识共享客体（即知识）的一种固有特性,显性或隐性会影响相关知识的共享难易度、渠道和方式。因此,显性或隐性这样的知识特性会为共享和使用它们的知识共享活动提供一种特定的情境:当共享显性知识时,企业内各部门及成员间的正式交往、制度化的技术文档整理与知识传播、将知识贡献于组织数据库等正式知识共享渠道通常十分有效;而共享隐性知识时,非正式交流、兴趣小组、实践社区等非正式知识共享环境可能优于正式途径。因此,显隐知识特性就和企业正式与非正式知识共享活动有着难以分割的联系:一方面,知识特性为正式与非正式知识共享提供了特定的知识情境,对共享途径做出了限制和规定;另一方面,进行正式或非正式知识共享时,必须考虑所需共享知识的固有特性。

4.2 显隐知识平衡：正式与非正式知识共享平衡的内在需求

显性知识和隐性知识构成了企业的知识基础，其存量和流量对企业运营发展十分重要，而显隐知识获取的平衡则对企业的知识创造和创新活动尤为重要。这一点，在 Nonaka 等（2000）著名的知识创造 SECI 模型中有着深刻的体现。

4.2.1 知识创造 SECI 模型对显隐知识平衡的讨论

Nonaka 等（2000）在总结企业知识管理实践基础上提出的 SECI 模型，深刻描述了知识创造过程中显性与隐性知识的互相依赖，体现了显隐平衡的重要性。SECI 模型将知识创造过程刻画为显隐知识相互转化的四个阶段。

（1）社会化（Socialization）。社会化是主体间共享经验的过程，这一过程有利于隐性知识的创造和扩散，因此知识转化轨迹是从隐性知识到隐性知识。此时，主体间的深度交流、观察、模仿或实践等是获取隐性知识的关键。

（2）外化（Externalization）。外化是将隐性知识通过显性化的概念和语言清晰表达的过程，这一阶段有利于隐性知识向显性知识转化，因此知识转化轨迹是从隐性知识到显性知识。这一阶段，隐喻、类比、概念化、模型化、文档化等知识获取手段的运用有利于更好地实现上述知识转化过程。

（3）组合化（Combination）。组合化是将零散的、不同的显性知识组合起来的过程，这一过程有利于显性知识的整合和系统化，因此知识转化轨迹是从显性知识到显性知识。这一过程中，文字、数字、符号等各种显性化知识素材的汇集、概念的综合和文档库、知识库等信息技术媒介的运用,有利于实现这一知识转化过程。

(4) 内化 (Internalization)。内化是已有显性知识通过主体的学习、吸收、消化,并通过自身实践升华成自己隐性知识的过程,这一阶段通常和干中学 (Learning by Doing) 密切相关,其知识转化轨迹是从显性知识到隐性知识。上述过程如图 4-1 所示。

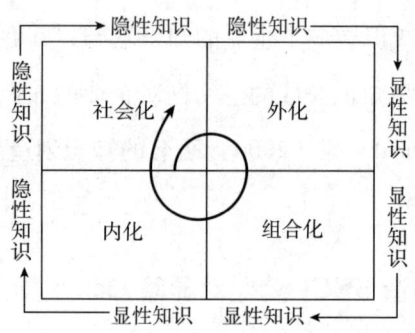

图 4-1 SECI 模型

SECI 模型揭示了知识创造的循环过程,准确地描述了知识创造的一个循环:隐性知识通过社会化 (Socialization) 过程从个体传播到个体,通过外化 (Externalization) 过程将部分隐性知识表达出来成为显性知识,然后通过组合化 (Combination) 过程将分散的显性知识整合为系统的显性知识,显性知识又通过内化 (Internalization) 过程转化为个体的隐性知识。SECI 过程不断循环,显隐知识不断转化,知识创造过程就能不断螺旋上升,促进知识创新。可见,显性知识和隐性知识互相作用的知识转化过程,实际上就是知识创新的过程。在这个过程中,隐性知识和显性知识的平衡更有利于知识创造螺旋。

4.2.2 显隐知识缺失对知识创造的阻碍

根据 SECI 模型,由显隐知识动态转化驱动的知识创造过程是一个连续的动态过程。在这个过程中,显隐知识任何一方的缺失都会阻碍知识创造:隐性知识获取不足会阻断社会化(Socialization)以及社会化向外化(Externalization)的过渡,显性知识不足则会阻断组合化(Combination)以及组合化向内化(Internalization)的过渡,如图4-2所示。

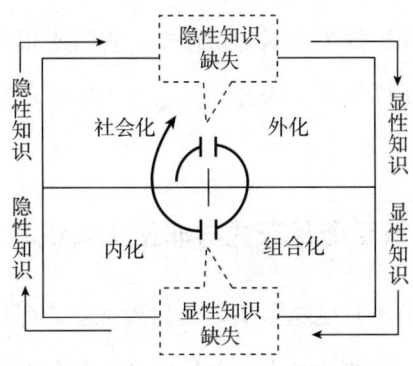

图4-2 显性或隐性知识缺失对知识创造的阻碍

隐性知识获取不足对知识创造的坏处显而易见:从知识创造的转化过程看,隐性知识不足会显著阻碍社会化向外化的过渡。由于社会化过程会促进员工个体间隐性知识的交流,因此这一过程不畅会阻碍员工间的知识交流,使员工个体的技术诀窍与智慧难以产生扩散效应,不易在个体间或部门间交流,降低组织知识流量。而外化过程会促进个体隐性知识的外显化以及个体知识向群体知识的汇集,因此这一过程不畅会使员工头脑里的知识难以显化,阻碍员工个体知识向群体知识的转化,使团队、部门等群体知识不足,也难以上升为组织知识为企业所用,企业的知识创新活动也就成为"无源之水、无本之木"。

显性知识缺失对知识创造的损害同样不容忽视:从知识创造的转化过程看,显性知识不足会显著阻碍组合化向内化的过渡。由于组合化过程会促进来自不同群体的分散显性知识的整合和系统化,因此这一过程会促进群体知识向组织知识的转化,而这一环节的不畅会阻碍这一转化过程,使团队、部门等群体知识难以汇集到组织层面去充实企业知识库，从而降低组织知识存量。而内化过程会促进组织知识和群体知识向个体知识的转化，因此这一过程不畅会使组织和群体知识难以作用于员工个体技能与才干，使团队、部门知识不能有效反哺和带动员工成长，企业的知识创新活动也就缺乏了员工技能和组织知识基础。

综上所述，显隐知识缺失会对知识创造过程带来很大的阻碍，从而对企业知识创新活动带来实质性损害，因此，显隐知识的获取和平衡对企业创新与发展有重要意义。

4.2.3 显隐知识平衡是正式与非正式知识共享平衡的内在需求

从上述讨论可以发现，显隐知识转化和知识创造有其自身规律。企业内正式与非正式知识共享平衡的需求之一正是来自显隐知识转化的内在规律。因为正式知识共享模式较适合显性知识共享，而非正式知识共享模式往往更适合隐性知识共享。因此，为了知识创造过程中显隐知识的有效交互，要求这两种知识共享模式也应充分契合和平衡，以达到更好的知识共享和知识创造效果。

Jasimuddin 等（2005）则从知识保护的角度指出，遵循以隐性知识为重点的知识共享策略使企业知识不容易向企业外部泄露，因此有助于为企业知识提供外部保护，但内部传播易受影响；遵循以显性知识为重点的知识共享策略使企业知识在企业内部容易传播，提升了内部传播效率，但也容易向外部泄露。因此，以不同特性知识为重点的正式与非正式知识共享模式应予以整合，形成一种平衡的"共生式"知识共享策略，以最大化获取显性知识和隐性知识带来的利益。

Greiner 等（2000）从知识角度对企业创新与效率关系的讨论也同样体现了正式与非正式知识共享模式需要整合的观点：以隐性知识为重点的知识共享策略对企业的创新活动至关重要，因为藏在员工头脑的隐性知识是企业新思想、新观念、新方法、新技术等创新思想的重要来源；以显性知识为重点的知识共享策略对企业的运营效率至关重要,因为随着最佳实践以及各类企业运营知识的显性化与推广,企业内个体及组织单元的运作可以以更科学的方式开展,提升运作效率。

从上述研究可见,尽管学者们出发点各异,但无论从知识创造、知识保护角度,还是创新与效率关系角度,都强调企业知识共享过程中显隐知识平衡的重要性,由此凸显正式与非正式知识共享平衡的内在需求。

4.3 促进显隐知识平衡的措施

基于显隐知识以及正式/非正式知识共享模式平衡的重要性,研究者围绕相关主题已经作了不少探索。例如 Christensen 和 Bang(2003)总结了三种不同的知识管理导向:人工制品导向(Artifact - oriented)、自我塑成导向(Autopoietic - oriented)和流程导向(Process - oriented)。人工制品导向强调显性知识,强调技术的运用,强调文档报告和质量控制。自我塑成导向则突出隐性知识,强调人的邻近性、语言和对话,强调共同理解。流程导向综合了前两者,既强调显性知识也强调隐性知识,既强调人的主动性也强调技术的使用。Wu(2008)将不同知识共享模式以及相应的知识管理策略(正式策略、非正式策略或二者的混合策略)看作一个多准则决策(MCDM)问题,结合网络分析法(ANP)和决策实验室分析法(DEMATEL),从激活信息与知识、提升绩效、促进创新等目的出发,通过知识共享激励机制、管理支持、时间、成本、文化与人的因素、沟通方式等准则层因素的评估,帮助企业进行相应知识共享模式及相应知识管理策略的选择。Liu 等(2013)通过构建一个多阶段马尔可夫决策模型分析知识应用不同阶段下不同知识管理策略下的成本/收益,实现企业内知识应用过程整合策略优化,以追求二者的平衡。Cohen 和 Olsen

(2015）从将两种模式看作独立影响因素的普遍性视角（Universalistic）、两种模式会相互促进产生超加和影响的互补性视角（Complementarity）以及考虑了业务战略对两种模式权变影响的权变视角（Contingency），通过一家酒店服务公司的调查数据实证检验了不同知识共享模式对企业绩效的作用机理，研究发现：两种知识共享模式在企业绩效作用过程中会产生正向交互作用，从而很好地支持了互补性视角；业务战略在两种知识共享模式和企业绩效关系间起调节作用，从而支持了权变视角；而两种模式看作各自独立的普遍性视角则没有得到实证数据的支持。上述研究从实证的视角，再次说明了两者之间不是各自独立的简单关系，而是相互影响且受情境制约的复杂关系。Venkitachalam和Willmott（2015）在案例研究基础上，提出了一个企业知识管理的动态框架，指出企业现实的知识管理是在不断回顾和修正这两种知识管理模式的整合实践下逐渐完成的，在这一过程中，企业内部的领导、组织政治、文化以及外部的竞争、技术等内外部因素都是重要的情境因素，对企业知识策略的动态性和组织动态性的形成产生关键作用。

从上述研究可见，不同的组织知识共享导向、策略、模型或视角，都或多或少体现了情境对知识共享活动的深刻影响，对显隐知识以及相应的正式/非正式知识共享的讨论很难脱离具体的组织情境去孤立地讨论。例如，知识，特别是隐性知识，本身就具有主客体相互依赖性，很难脱离拥有隐性知识的主体去单独存在，其主体活动就为隐性知识共享提供了特定的情境。另外，不同的知识共享模式实际上代表了不同的知识交换逻辑，而知识交换逻辑的变化会驱动知识共享主体行为产生改变。这一过程可以"再平衡"这一概念加以描述：如果组织情境的某种变化对主体知识交换过程以及作为企业核心能力基础的知识集体化过程产生影响，企业管理者必须"再平衡"这一过程，以促进显隐知识以及主体动态能力之间的和谐对话。以信息技术引入为例，信息技术对知识交换逻辑产生冲击，从而对人们的知识共享行为和企业知识积累方式带来改变。为了有效应对信息技术对企业知识共享带来的影响，企业管理者必须打破已有的平衡，通过信息技术引入对企业知识管理实现"再平衡"，以促进显隐知识、员工及企业能力之间的和谐。这时，信息技术使用就成为探讨企业知识共享活动时一个不可忽视的重要情境。

基于此，笔者认为，促进显隐知识平衡的关键在于代表不同知识交换逻辑的知识共享模式的协调与平衡，而正式、非正式知识共享模式平衡的关键则在于企业情境的调控和管理的"再平衡"。本书后续章节对组织结构、组织协调机制、员工关系和组织信任等关键情境因素在正式/非正式知识共享中的作用机制和平衡措施进行讨论，正是基于这一出发点，期望通过相关情境因素的调控促进正式/非正式知识共享平衡，从而达到促进显隐知识平衡、加速知识创新的目的。

4.4 本章小结

本章在分析知识的显性和隐性特征基础上，通过知识创造 SECI 模型的知识演化过程和显隐知识缺失对知识创造的阻碍分析，指出显隐知识平衡是正式/非正式知识共享模式平衡的内在需求。在上述分析基础上，进一步从组织情境调控角度，指出促进显隐知识平衡的关键在于代表不同知识交换逻辑的正式、非正式知识共享模式的平衡，而正式、非正式知识共享模式平衡的关键在于企业情境调控和管理的"再平衡"过程。

第5章 企业内正式与非正式知识共享的组织结构维度

——正式结构和非正式网络的平衡

5.1 承载正式与非正式知识共享的组织结构：正式结构和非正式网络

5.1.1 正式结构

企业的正式结构（Formal Structure）通常可以通过企业的组织结构图、岗位设置以及针对每个职位的工作流程和工作描述体现出来。它规定了组织成员在企业内的正式职务和角色，体现了为实现共同企业目标而协作的组织成员间的某种从属关系和工作流程。由于目标分解和任务分工的需要，企业正式结构一般是层次性的，常见的企业结构包括直线制、职能制、直线职能制、事业部制、矩阵式结构等。在信息技术的推动下，不少企业也在超越传统组织结构形式，尝试建设扁平化结构和无边界组织。

总体上，正式结构来自组织的规划，是企业活动的蓝图，通过对部门、人员、职位的精心设置和目标、计划、工作流程的详细描述，将企业的人、财、

第5章 企业内正式与非正式知识共享的组织结构维度

物等要素通过明确的目标和流程联系在一起，使人们明确企业的经营活动为什么以及如何开展。因此，正式结构可以帮助企业顺利运营，使成员都能明确自己的工作内容和职责，更好地组织起来实现企业目标。如果没有一个相对稳定的正式结构，企业容易陷入无序和混乱状态，因此，企业正式结构的目的在于防止混乱，使企业能够更加有序和高效。

此外，企业正式结构的另一个显著特性是"合法性"（Legitimacy）。正式结构通常伴随着一系列的制度规则，是制度规则的有力表现，并通过这些正式的制度规则获得合法性、资源和稳定性，减少内部协调和控制，以图增强企业生存能力和发展前景。

由于企业内知识共享活动与企业的组织结构紧密相关，所以，正式结构（Formal Structure）对员工及部门间知识共享有深刻影响。由于正式结构具有组织规划特性，因此它通过预设的岗位职责和工作流程为企业内部知识共享提供了天然的载体和通道。而且，由于正式结构具有鲜明的正式化特点，所以，正式结构更适合也更多地承载了依赖于正式组织制度的正式知识共享活动。这类知识共享活动有着较为固定的内容、程序或形式约定，具体的共享途径包括部门及成员间基于工作关系的正式交往、制度化的技术文档整理与传播、将知识贡献于组织数据库和知识库等。

5.1.2 非正式网络

尽管正式结构被认为是协调和控制企业活动的最有效方法，但它并不是企业中复杂社会关系网络的唯一体现，非正式网络（Informal Networks）在组织社会关系中的作用不容忽视，并显现出日益重要的趋势。非正式网络（Informal Networks）是组织内个体依赖其人际关系构成的社会关系网络，它不是由正式组织规定的，并不按照正式组织的规则运行，而是满足个体的需求自发地产生。人们对组织中非正式网络的关注较早可追溯到1938年Barnard在The Functions of the Executive中对非正式组织的论述。Barnard（1938）认为，非正式组织是暂时的、无结构形式的、涉及那些没有任何具体联系而发生的互动，可以把它"看作一种没有固定形态的、密度经常变化的集合体"。

对于非正式网络和正式结构的关系，现有观点普遍认为两者共同存在、相辅相成，有时甚至是混合在一起的。因为除了按照组织的战略目标、正式结构和规定进行活动外，本质上个体在组织中仍然是社会人，会依据人的社会性自发建立起各种关系，形成非正式网络。Krackhardt 和 Hanson（1993）指出，企业中实际工作不同于组织图表和正式组织，非正式网络发挥着重要作用。如果不关注隐藏在组织图表后面的非正式网络，就不可能理解正式结构和正式组织的性质。他们形象地将组织中的非正式网络比作组织生命体的神经系统，将正式结构比作骨骼。骨骼在某种程度上可以观察到，而神经系统只能感觉到，就像一种无结构的组织，没有明确的分工。如果不加以明确、细致的观察，将难以识别出它们。骨骼稳健，而神经系统灵活，两者既有联系，又有区别，相互依存。表5-1在总结有关文献基础上对两者进行了比较，揭示了两者在形成、组织、控制机制、关系类型、目标导向等方面的区别和联系。

表5-1 企业的正式结构与非正式网络

	形成机制	组织机制	控制机制	关系类型	目标导向
正式结构	组织规划	正式组织	企业章程、正式权力	正式的工作关系	企业目标
非正式网络	自发形成	非正式组织	群体公认的行为规范、个人影响力	非正式的私人关系	个人目标

资料来源：笔者根据有关文献整理而成。

由于知识共享活动本质上仍是一种社会交互活动，因此非正式网络（Informal Networks）对员工及部门间知识共享有重要影响。由于非正式网络依赖共同价值观、兴趣爱好、情感等人际关系要素形成，因此在社会交互方面有其天然优势，十分有利于个体间基于私人关系的知识援助，即非正式知识共享。这类知识共享行为独立于组织结构和正式制度，通常在组织成员接触过程中自发形成。具体的共享途径包括组织成员之间的非正式交往、兴趣小组、网上论坛、实践社区等。

5.2 二者的交互:"涌现网络"的出现

从组织结构分析和成员关系结构的角度看,正式结构亦可以概念化为网络。一些学者,如Nohria等(1992)也表达了类似的观点:"在一些重要的方面,所有组织都是社会网络,需要按照这一逻辑加以处理和分析。"在这种由正式结构构筑的正式关系网络中,组织成员通过组织预设的各种层级和协作关系相互联系,进行信息交换、事务报告和任务执行。总体上这种正式的关系网络(正式结构)可以划分为两大类:一是由构成组织层次结构的正式权力关系产生的关系配置,二是由同一层级组织成员间分工所产生的预设的合作关系。与正式的关系网络不同,非正式网络是组织成员间非由正式结构决定的自愿的合作关系构筑起来的关系网络。因此,从结构分析和社会网络视角,正式结构和非正式网络可以看作不同性质的关系网络,从而为两者的统一分析奠定基础。

然而,正式结构与非正式网络的区分更多是一种概念辨析和理论分析的需要,从企业实践的角度看,实际的组织只有一个。因此,尽管正式结构和非正式网络在概念和特征上有着明显区分,属于不同性质的关系网络,但从企业实践的角度,组织可看作一种普遍的社会现象,是对行动领域进行构造和再构造的过程,因此正式关系与非正式关系就在组织成员的实践行动中交互和联结在一起。Rank(2008)等学者用"涌现关系"(Emergent Ties)的概念来标示这种真实的组织社会网络及成员关系,由此而形成的网络即为"涌现网络",它可以看作企业组织成员真实利用的正式结构和非正式网络的结合。此外,企业组织中还存在一些被成员有意或无意忽视的正式结构和潜在未被开发的非正式网络。这就形成了企业中正式结构、非正式网络与涌现网络间的关系，如图 5-1 所示。

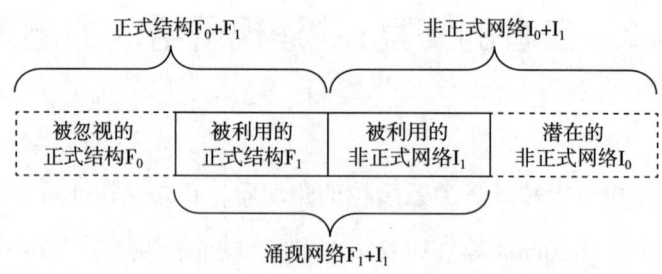

图 5-1　正式结构、非正式网络与涌现网络的关系

如果用 F_0 表示被组织成员忽视的正式结构、F_1 表示被利用的正式结构，用 I_0 表示潜在未被利用的非正式网络、I_1 表示被利用的非正式网络，则涌现网络就是 F_1 和 I_1 的集合，它由实际存在的、可以观察到的所有协作关系组成，包括目前使用的正式关系和员工自主建立的非正式关系。在勾勒出企业被利用的正式结构 F_1、被利用的非正式网络 I_1 基础上，就可以发现企业成员在工作实践中真实利用的结构网络，可对嵌入其中的知识共享行为进行分析。

5.3　基于"涌现网络"的知识共享分析过程

从"涌现网络"角度，企业可以看作由正式结构和非正式网络构成的结构网络。相应地，就可以借助社会网络分析（Social Network Analysis，SNA）方法予以分析。社会网络分析方法起源于社会学研究，是社会学家根据数学方法、图论等发展起来的定量分析方法。社会网络是社会行动者（Social Actor）

及其间关系的集合。一个具体的社会网络是由多个点(社会行动者)和各点之间的连线(行动者之间的关系)组成的集合。通过点和线组成的网络,就可以对这个社会网络进行形式化界定和可视化分析。

依据社会网络理论,一个社会系统的有机性依赖于客观上可以确定的社会关系的关联和互动。行动者之间是相互依赖的,行动者之间的关系是资源(物质的或者非物质的)传递或者流动的"渠道"。根据这一理论视角,涌现网络可以抽象为一个企业成员实际利用的社会网络,网络中的点表示参与协作的企业成员(即此处的社会行动者为企业成员),各点之间的连线表示企业成员之间的知识共享关系。在此,我们假设成员之间知识共享关系是有方向的,即存在提供方和接收方。在上述设定基础下,基于"涌现网络"的知识共享分析过程如图5-2所示。

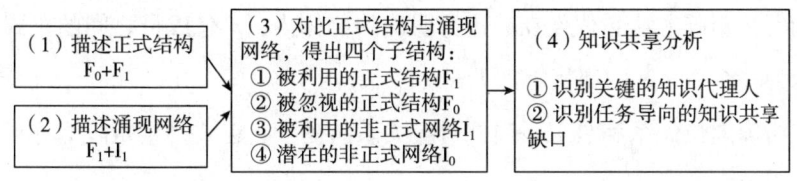

图5-2 基于"涌现网络"的企业内部知识共享分析过程

根据图5-2,从企业正式结构与非正式网络结合的"涌现网络"出发,进行知识共享分析的过程可以遵循如下4个步骤:首先,获取企业的正式结构和涌现网络。对正式结构的描述通常存在于企业的组织结构、职位说明和工作手册中。涌现网络作为承载当前企业知识共享的真实社会结构,可借助社会网络数据收集的方法获取,具体可采用的数据收集方法包括通过线人(Informants)访谈获取被研究对象两两之间的关系、利用结构式问卷进行问卷调查、利用档案资料进行收集或采用观察法等。上述过程如图5-2中步骤(1)、步骤(2)所示。其次,通过正式结构(F_0+F_1)和涌现网络(F_1+I_1)的对比,即导出正式结构与非正式网络的四个子结构,即被利用的正式结构 F_1、被忽视的正式结构 F_0、被利用的非正式网络 I_1 和潜在的非正式网络 I_0,如图 5-2 中步骤(3)所示。在描述出上述结构网络基础上,即可以进行嵌入其中的知识共享活动分析,有助于识别出"涌现网络"及其子网络结构中关键的知识代理人、任务导向的知识共享缺口等信息,如图 5-2 中步骤(4)所示。下面对上述知识共享分析过程进行详细介绍。

5.3.1 描述正式结构

正式结构来自企业正式规定的结构和过程。本质上,正式结构也是一种网络,是因岗位间的从属和协作关系而结成的工作网络。从知识的观点看,正式结构则是一个传递与工作有关信息和知识的知识网络。正式结构数据的获取可参考企业的组织结构、岗位描述、工作说明或工作流系统。对数据的描述,则可借助网络矩阵方法:假设在一边界明确的群体内,n 名成员之间的正式结构可表示为一个 N×N 的邻接矩阵 $F = (f_{ij})_{n \times n}$。

在明确岗位关系和员工—岗位对应关系前提下,正式结构矩阵 F 亦可通过以下步骤得出:

(1)假设在一边界明确的企业群体内,m 个工作岗位及岗位间关系已明确获知,由此可以转换为一个 M×M 的岗位关系矩阵 $D = (d_{ij})_{m \times m}$。$d_{ij}$ 代表岗位 i 和岗位 j 之间的工作关系,赋值规则如下:如果岗位 i 和岗位 j 存在从属关系,则 $d_{ij} = d_{ji} = 1$;如果岗位 i 需要配合岗位 j 的工作(工作过程从岗位 i 到岗位 j),则 $d_{ij} = 1$;除上述情况以外,$d_{ij} = 0$。

(2)n 名员工被选派到 m 个工作岗位上,员工—岗位对应关系已明确获知,由此可以转换为一个 N×M 的员工—岗位对应矩阵 $R = (r_{ij})_{n \times m}$;$r_{ij}$ 代表员工 i 和岗位 j 的对应关系,如果员工 i 被安排到岗位 j,则 $r_{ij} = 1$,否则 $r_{ij} = 0$。

(3)正式结构矩阵 $F = (f_{ij})_{n \times n}$ 可利用岗位矩阵 D 和员工—岗位对应矩阵 R,通过矩阵变换,由下式得出:$F = RDR^T$,即 $f_{ij} = \sum_{k=1}^{m} \sum_{l=1}^{m} r_{ik} f_{kl} r_{lj}$;$f_{ij} \neq 0$ 表明

第5章 企业内正式与非正式知识共享的组织结构维度

员工 i 和员工 j 之间存在直接的正式工作关系,这些关系的总体就构成了正式结构。

例如,假定一企业内 3 个不同的工作岗位,岗位 2、岗位 3 都与岗位 1 是从属关系,即岗位 2、岗位 3 是岗位 1 的下级,岗位 2 需要配合岗位 3 的工作,即工作过程从岗位 2 到岗位 3,则上述岗位间关系矩阵如图 5-3 所示。

	岗位1	岗位2	岗位3
岗位1	0	1	1
岗位2	1	0	1
岗位3	1	0	0

图 5-3　岗位关系矩阵 D

有 6 名员工被选派到上述 3 个工作岗位上,员工—岗位对应关系矩阵如图 5-4 所示,即员工 1 选派到岗位 1,员工 2 和员工 3 被选派到岗位 2,员工 4、员工 5、员工 6 则从事岗位 3。

	岗位1	岗位2	岗位3
员工1	1	0	0
员工2	0	1	0
员工3	0	1	0
员工4	0	0	1
员工5	0	0	1
员工6	0	0	1

图 5-4　员工—岗位对应矩阵 R

则利用上述岗位矩阵 D 和员工—岗位对应矩阵 R,通过矩阵变换 $F = RDR^T$,可获得正式结构矩阵 F,对角线数据经矩阵变换和计算后为 0,为了突出员工之间的正式合作关系，在数据处理时亦可以屏蔽掉，如图5-5所示。

	员工1	员工2	员工3	员工4	员工5	员工6
员工1	—	1	1	1	1	1
员工2	1	—	0	1	1	1
员工3	1	0	—	1	1	1
员工4	1	0	0	—	0	0
员工5	1	0	0	0	—	0
员工6	1	0	0	0	0	—

图5-5 正式结构矩阵F

5.3.2 描述涌现网络

由于涌现网络的自组织及涌现特征，涌现网络数据的获取很难遵循类似正式结构的方式，其数据获取可以依靠社会网络分析中整体网（Whole Network）调查的方法，在一个可以找到边界的群体中作网络调查，由受调查者选择与其有知识共享关系的其他行动者。如对受调查的企业成员询问如下问题："在×××企业（部门或团队）中，你经常向谁提供工作相关的信息和知识？"对涌现网络数据的描述，采用社会网络的邻接矩阵法，表示为 $E = (e_{ij})_{n \times n}$，$e_{ij}$ 代表员工i和员工j的知识共享关系，如果员工i向员工j提供了工作相关的知识，则 $e_{ij} = 1$，否则 $e_{ij} = 0$。

如假设经社会网络调查，上述6名员工间的涌现网络矩阵如图5-6所示，表示：经调查员工1经常向员工3、员工4、员工5提供工作相关的知识，员工2向员工1、员工3、员工5提供工作相关的知识，员工3向员工1、员工4、员工5提供工作相关的知识，员工4向员工1、员工3、员工5提供工作相关的知识，员工5向员工1提供工作相关的知识，员工6向员工5提供工作相关的知识。

第 5 章 企业内正式与非正式知识共享的组织结构维度

	员工1	员工2	员工3	员工4	员工5	员工6
员工1	—	0	1	1	1	0
员工2	1	—	1	0	1	0
员工3	1	0	—	1	1	0
员工4	1	0	1	—	1	0
员工5	1	0	0	0	—	0
员工6	0	0	0	0	1	—

图 5-6 涌现网络矩阵 E

5.3.3 对比正式结构与涌现网络得出四个子结构

在描述正式结构和涌现网络基础上,将两者进行对比,可通过如下规则导出四个子结构:

(1) 正式结构与涌现网络非零元素重合部分,即为被利用的正式结构,表示为 F_1。

(2) 正式结构中非零元素去掉被利用的正式结构 F_1 所剩余部分,即为被忽视的正式结构,表示为 F_0。

(3) 涌现网络中非零元素去掉被利用的正式结构 F_1 所剩余部分,即为被利用的非正式网络,表示为 I_1。

(4) 在行动者所有可能的网络中,去掉 F_1、F_0、I_1 的剩余部分,即为潜在的非正式网络,表示为 I_0。

在上述 6 名员工的例子中,对比图 5-5 的正式结构矩阵 F 与图 5-6 的涌现网络矩阵 E,根据上述规则即可得出四个子结构,为了便于区分,可以在相应的网络位置代之以不同的网络标识,即被利用的正式结构代之以"F_1"、被忽视的正式结构代之以"F_0"、被利用的非正式网络代之以"I_1"、潜在的非正式网络代之以"I_0"。可以得到区分了四个子结构的知识共享矩阵如图 5-7 所示。

企业内正式与非正式知识共享的平衡研究

	员工1	员工2	员工3	员工4	员工5	员工6
员工1	—	F_0	F_1	F_1	F_1	F_0
员工2	F_1	—	I_1	F_0	F_1	F_0
员工3	F_1	I_0	—	F_1	F_1	F_0
员工4	F_1	I_0	I_1	—	I_1	I_0
员工5	F_1	I_0	I_0	I_0	—	I_0
员工6	F_0	I_0	I_0	I_0	I_1	—

图5-7 区分了四个子结构的知识共享矩阵

5.3.4 知识共享分析

在明确知识共享网络结构的基础上,可以对网络特征进行分析。社会网络研究中,典型的网络特征有中心性、连通性等。通过中心性分析可以发现知识共享中最有影响力的个体,识别关键的知识代理人。通过连通性分析则可以发现个体如何通过网络彼此联系,识别知识共享缺口。

5.3.4.1 识别关键的知识代理人

识别关键知识代理人的过程实际上也是一个度量个人知识和知识行动者的过程。传统的测试方法或主观评分方法通过测试或评价的分值表示个人知识掌握程度或贡献大小。但这种方式的缺点:一是过于依赖测试题或评价指标的质量;二是把知识行动者从其情境中抽离出来,未充分考虑知识行动者所嵌入的社会网络的影响。员工在社会网络中的中心性代表其在网络中具有怎样的影响力,居于怎样的地位,可以用来发现网络中处于中心位置或中介位置的有影响力个体,识别关键的知识代理人。社会网络分析中常用的中心性指标有点度中心度(对于有向图而言,点度中心度又包括外向中心度和内向中心度)、中间中心度等。外向中心度(Out-centrality)代表关系向外连接的程度,在知识共享网络中,它代表了某一个体充当知识提供者的能力,表示了知识"流出"的程度。内向中心度(In-centrality)代表关系向内连接的程度,在知识共享网络中,它代表了某一个体吸收知识的能力,表示了知识"流入"的程度。中间中心度(Betweenness Centrality)表示某一个体多大程度上位于其他个体的"中间"或"中介"位置,在知识共享网络中,它代表某一个体充当他人知识共享"桥梁"的中介能力。因此,通过上述分析可以识别网络中重要的知识提供者、吸收者和中介者,即关键的知识代理人。以图 5-7 所示知识共享网络(矩阵)为例,对其涌现网络、被利用的正式结构及非正式网络进行外向中心度、内向中心度和中间中心度分析,相应数据处理利用社会网络分析软件 UCINET 进行,分析结果如表 5-2 所示。从表 5-2 的分析结果可见,在由上述 6 名员工组成的知识共享网络中,员工 1、员工 2、员工 3、员工 4 是较关键的知识提供者,员工 1 和员工 5 是主要的知识吸收者,员工 1 和员工 5 也是主要的知识中介者。其中员工 1 和员工 3 主要通过正式结构发挥作用,员工 4 则主要通过非正式网络发挥影响。

表 5-2 知识共享网络中心性分析

	涌现网络 E			被利用的正式结构 F_1			被利用的非正式网络 I_1		
	out	in	betweenness	out	in	betweenness	out	in	betweenness
员工 1	3	4	22.500	3	4	30.000	0	0	0.000
员工 2	3	0	0.000	2	0	0.000	1	0	0.000
员工 3	3	3	2.500	3	1	0.000	0	2	0.000
员工 4	3	2	0.000	1	2	0.000	2	0	0.000
员工 5	1	5	15.000	1	3	0.000	0	2	0.000
员工 6	1	0	0.000	0	0	0.000	1	0	0.000

注:out 表示外向中心度、in 表示内向中心度、betweenness 表示中间中心度。

5.3.4.2 识别任务导向的知识共享缺口

从目标导向看,正式结构是被企业设计出来以完成企业目标和工作任务而构建的基本组织结构。从知识共享角度,它体现的是一种任务导向的知识流向和结构。然而,企业组织中,人们的真实行为并非按正式结构设计而行,人们依个人目标与兴趣结成非正式网络，而一些正式结构则被有意或无意地忽视，导致最终涌现出一种不同于正式结构预设的知识连通网络。那么，在涌现的知识共享网络中，被忽视的正式结构能否被有效补偿？若不能，则会在执行任务中出现知识共享缺口，导致工作任务所需知识共享不通畅。这种知识共享缺口产生的原因是企业内部知识因不能有效共享而导致有关活动所需知识的供需脱节，类似于樊治平等（2005）从知识流程角度提出的 U-U 型知识缺口，即企业内部不同部门和员工之间的知识缺口。从知识存量的角度看，它表示了不同部门和员工之间知识存量的差距；从知识流量的角度看，它表示了知识流动速度和理想状态的差距。为了和其他形式的企业内部知识共享缺口加以区分，我们将这种知识共享缺口称为任务导向的知识共享缺口。通过连通性分析，有助于发现这种缺口。我们定义两类任务导向的知识共享缺口：第一类知识共享缺口——定义被忽视的正式结构为第一类知识共享缺口。它体现的是企业预设工作知识流向与结构中不能直接达到的部分，这部分缺失如果不能被其他网络所弥补，会形成知识共享障碍。第二类知识共享缺口——第一类知识共享缺口中，经过一次中介仍不能间接达到的缺口。在被忽视的正式结构中，一些关系虽不能直接达到，但通过一次中介仍然可达，此时第一类知识共享缺口间接得到补偿，那些间接仍得不到补偿的关系则成为更需关注和优化的部分（此处我们假定某一工作知识在提供者与接收者间共享的有效性与传递路径的长度成反比，因此经过的中间环节越多，某一知识的共享越趋于无效）。

依据上述定义，第一类知识共享缺口即为被忽视的正式结构 F_0。第二类知识共享缺口在第一类知识共享缺口基础上的识别步骤如下：

Setp1：求涌现网络矩阵 E 的 2 次幂 E^2，则 E^2 中非零元素代表对应行动者间至少存在一个中介者（通过一次中介即可连通）；反之，零元素则代表对应行动者间无法通过某一中介间接连通。

Setp2：检查 E^2 中第一类知识共享缺口相应位置，若为零元素，则代表第二类知识共享缺口。

第5章 企业内正式与非正式知识共享的组织结构维度

依据如上方法,上述6名员工组成的涌现网络中第一类知识共享缺口即为图5-7中标注"F_0"的部分。为了明确表示这些缺口,图5-8将相应位置标以符号"△",其他部分则未标出。

	员工1	员工2	员工3	员工4	员工5	员工6
员工1		△				△
员工2				△		△
员工3						△
员工4						
员工5						
员工6	△					

图5-8 第一类知识共享缺口

在第一类知识共享缺口基础上可进一步识别第二类知识共享缺口,首先计算上述6名员工组成的涌现网络矩阵 E 的2次幂 E^2(对角线数据被忽略),如图5-9所示:

	员工1	员工2	员工3	员工4	员工5	员工6
员工1	—	0	1	1	2	0
员工2	2	—	1	2	2	0
员工3	2	0	—	1	2	0
员工4	2	0	1	—	2	0
员工5	0	0	1	1	—	0
员工6	1	0	0	0	0	—

图5-9 涌现网络矩阵的2次幂 E^2

检查 E^2 中第一类知识共享缺口相应位置中(相应位置在图5-9中用灰色标出)值为0的部分。相应位置为0表示相应知识传递路径既无法直接到达,也很难以通过较短的路径(只中转1次)间接连通,可能存在第二类知识共享缺口。如上例所示,从员工1到员工2、员工6的知识传递,以及从员工2、员工3到员工6的知识传递,存在既无法直接到达,也难以通过较短的路径(只中转1次)间接连通的现象,可能存在第二类知识共享缺口,在知识共享优化时应重点关注。

5.4 平衡策略

在上述正式结构与非正式网络构成的"涌现网络"知识共享活动分析基础上,管理者就可以采取有针对性的措施对正式结构和非正式网络加以调控,以达到优化企业内部知识共享、实现知识共享平衡的目的。

5.4.1 调控网络中的关键知识代理人

依据上述知识共享分析过程,识别出涌现网络及构成该网络的正式结构与非正式网络中的关键知识代理人,有助于管理者进行有针对性的调控,以平衡和优化知识共享。

(1)对于关键的知识提供者,通常可以采取有效激励的方式,进一步提高其知识共享积极性。激励方式可以包括物质奖励等物质激励,以及认可、赞扬、荣誉等精神激励。另外,更重要的一点是授予与其知识地位相匹配的权利和职责,如公开明示员工的专家地位,并要求他们履行知识共享活动中的一些责任,如整理知识文档、提供知识指导,努力使隐性知识显性化等。通过上述方式,在企业内形成一种促进知识输出的常态机制,丰富知识供给。

(2)对于主要的知识吸收者,重点是降低其寻求知识的机会成本,创造机制使其与关键知识提供者形成良好的对接,丰富其知识获取和成长的机会。企业可以采用建立专家黄页、师傅带徒弟、岗位流动、团队学习等方式促进知识提供者、知识吸收者两方在企业正式或非正式的知识共享空间中充分交互。

第5章 企业内正式与非正式知识共享的组织结构维度

（3）关键的知识中介者，发挥着盘活知识流量的关键作用，因此应被更多地赋予协调者的角色，加速知识流动。而且，不同特征的中介者应被赋予不同的协调角色，如在正式结构中发挥关键中介作用的员工更多地承担正式协调的重任，而在非正式网络中的中介者则可以充分发挥非正式协调者的作用。

（4）设计一种有利于知识流动的工作机制是十分关键的。可以在特定岗位或流程内选择经验丰富、沟通能力强的员工作为本岗位或流程的知识代理人，并通过交流会、协作小组等正式或非正式的知识交流机制，促使知识代理人经常交流和沟通，促进知识高效顺畅地流动与共享。

5.4.2 通过网络优化避免知识共享缺口

在明确任务导向的知识共享缺口基础上，管理者可以有针对性地对其进行管理与优化。

（1）对于第一类知识共享缺口，由于企业预设正式结构经常被员工在工作实践中有意或无意忽视，通常横向的正式关系（即同一层级之间）相比于纵向结构更可能被忽略。因此第一类知识共享缺口通常很难完全避免，且此类知识共享缺口并非越少越好，而是存在一个合理区域，过多或过少都可能预示着知识共享存在某些问题：过少，预示着正式结构被利用得很好，但过度强化正式结构却可能削弱非正式网络，损害知识的非正式交流机会与隐性知识传播；过多，预示着非正式网络过于发达，如果非正式网络不能有效补偿缺失的正式结构，则可能出现工作任务相关知识流转不畅、知识显性化不足等问题。因此，对于此类知识共享缺口，相比于直接干预，管理者更应该通过组织结构调整、组织记忆系统构建、企业文化引导等情境的创设来促进正式结构与非正式网络的整合，例如选拔非正式网络中有影响力的员工担任正式职位、培育实践共同体、鼓励合作等。通过上述措施，加速知识共享。

（2）相比于第一类缺口，第二类知识共享缺口是管理者更应予以关注和干预的。因为，此类缺口恰恰表明，正式结构的缺失无法被非正式网络有效弥补。管理者可采取的干预策略有两类：一类是通过制度、规定、流程等方式将可以弥补此类缺口的知识共享路径加以正式化和规范化，明示知识缺口两端员工的正式关系和知识流程；另一类是拓展知识缺口两端员工的正式或非正式交流空间，发展潜在的非正式网络，以促进知识共享。

5.4.3 信息技术支持

除了上述针对组织结构网络中知识代理人和知识缺口的特定调控策略，信息系统支持等基础性平衡调控手段不应忽略。基于信息技术的组织知识库，增加了组织知识的汇集能力和分布式存取能力，有效增加了正式结构下成员间的知识共享和传递能力，拓展了正式知识共享空间。基于信息技术的网络社群和实践共同体，其点对点式的沟通特点与非正式网络十分契合，对成员间非正式网络的发展有很好的助力，拓展了非正式知识共享空间。因此，信息技术和相应的知识管理系统对正式结构及非正式网络中的知识传递都有很好的支持能力，可以同时拓展正式与非正式知识共享空间，在弥补知识缺口、优化知识共享中发挥着难以替代的基础性作用。

5.4.4 协作文化培育

协作文化培育是另一个不可忽略的基础性调控手段。企业管理中的很多问题最终都可以归结为"人"的问题。这与企业管理理论中"社会人"的假设是一致的。当组织成员缺乏知识共享意愿和动力的时候，再好的组织设计和技术手段也难以实现知识共享平衡的目的。而提升员工知识共享意愿和动力的最关键因素应该是企业的文化因素了。因此，培育有助于激发员工合作与知识分享的协作文化，对企业知识共享的平衡调控至关重要。良好的协作文化可以促进员工知识共享行动的自组织，使依托于企业正式结构的正式组织和依托于非正式网络的非正式组织水乳交融，自主地良性互动，促进企业知识共享的优化和平衡。

第 5 章 企业内正式与非正式知识共享的组织结构维度

5.5 一个案例

本节以国内某 IT 企业 H 公司为例,对上述知识共享分析过程和平衡策略予以说明。为了更好地说明问题,此处仅以该公司的一个具体项目团队——LMIS 项目团队为例。实际应用中,也可根据需要将范围扩展至部门或企业层面。H 公司主营业务是软件开发、咨询和实施,是国内电力行业领先的软件提供商。LMIS 项目是该公司为 L 市供电公司开发实施的管理信息系统项目,涉及生产管理、电力营销管理、智能决策支持等多个子系统。LMIS 项目团队的主要任务是对 L 市供电公司管理信息系统的上述子系统进行需求分析、在已有平台基础上的定制开发和系统集成。工作岗位包括项目经理、需求分析工程师、开发系统工程师(包括生产管理系统、电力营销管理系统、智能决策支持系统等系统开发人员)、系统集成工程师等。项目团队共 13 人,各司其职,如图 5-10 所示。

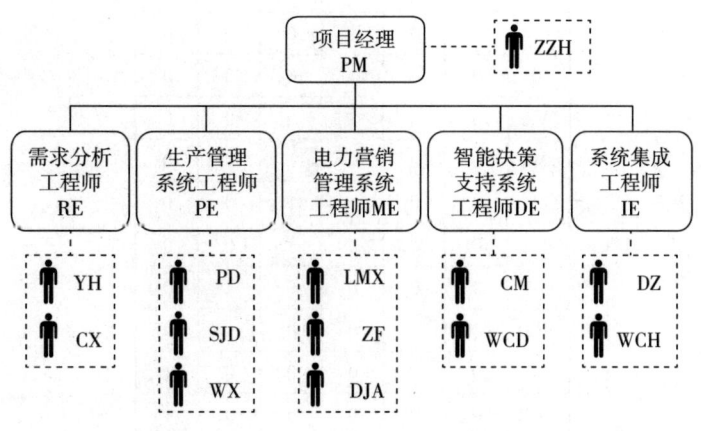

图 5-10　LMIS 项目团队工作岗位和人员安排

5.5.1 描述正式结构

在 LMIS 项目的岗位、人员设置和工作任务说明基础上,根据前文所述的正式结构描述方法,获得 LMIS 项目团队的岗位关系 D(见图 5-11)和员工—岗位对应矩阵 R(见图 5-12),并由此得出相应的正式结构矩阵 F,如图 5-13 所示。

	PM	RE	PE	ME	DE	IE
PM	0	1	1	1	1	1
RE	1	0	1	1	1	1
PE	1	0	0	0	1	0
ME	1	0	0	0	1	0
DE	1	0	0	0	0	0
IE	1	0	1	1	1	0

图 5-11　岗位关系矩阵 D

	PM	RE	PE	ME	DE	IE
ZZH	1	0	0	0	0	0
YH	0	1	0	0	0	0
CX	0	1	0	0	0	0
PD	0	0	1	0	0	0
SJD	0	0	1	0	0	0
WX	0	0	1	0	0	0
LMX	0	0	0	1	0	0
ZF	0	0	0	1	0	0
DJA	0	0	0	1	0	0
CM	0	0	0	0	1	0
WCD	0	0	0	0	1	0
DZ	0	0	0	0	0	1
WCH	0	0	0	0	0	1

图 5-12　员工—岗位对应矩阵 R

第5章 企业内正式与非正式知识共享的组织结构维度

	ZZH	YH	CX	PD	SJD	WX	LMX	ZF	DJA	CM	WCD	DZ	WCH
ZZH	—	1	1	1	1	1	1	1	1	1	1	1	1
YH	1	—	0	1	1	1	1	1	1	1	1	1	1
CX	1	0	—	1	1	1	1	1	1	1	1	1	1
PD	1	0	0	—	0	0	0	0	0	1	1	0	0
SJD	1	0	0	0	—	0	0	0	0	1	1	0	0
WX	1	0	0	0	0	—	0	0	0	1	1	0	0
LMX	1	0	0	0	0	0	—	0	0	1	1	0	0
ZF	1	0	0	0	0	0	0	—	0	1	1	0	0
DJA	1	0	0	0	0	0	0	0	—	1	1	0	0
CM	1	0	0	0	0	0	0	0	0	—	0	0	0
WCD	1	0	0	0	0	0	0	0	0	0	—	0	0
DZ	1	0	0	1	1	1	1	1	1	1	1	—	0
WCH	1	0	0	1	1	1	1	1	1	1	1	0	—

图 5–13 正式结构矩阵 F

5.5.2 描述涌现网络

依靠社会网络分析中的整体网调查方法，整体网边界确定为 LMIS 项目团队，对所有团队成员询问这个问题："在 LMIS 项目团队中，你经常向谁提供工作相关的信息和知识？"依据调查结果，得出 LMIS 项目团队涌现网络矩阵 E，如图 5–14 所示。

5.5.3 对比正式结构与涌现网络，得出四个子结构

在对比正式结构 F 和涌现网络 E 基础上，依据前文所述方法可导出被利用的正式结构 F_1、被忽视的正式结构 F_0、被利用的非正式网络 I_1、潜在的非正式网络 I_0 四个子结构。区分了四个子结构的 LMIS 项目团队知识共享矩阵如图 5–15 所示。

	ZZH	YH	CX	PD	SJD	WX	LMX	ZF	DJA	CM	WCD	DZ	WCH
ZZH	—	0	1	1	1	0	1	1	0	1	1	1	0
YH	1	—	1	0	1	0	0	1	0	0	0	1	1
CX	1	0	—	1	1	0	1	1	0	1	1	1	0
PD	1	0	1	—	1	0	1	1	1	1	1	0	0
SJD	1	0	0	0	—	0	0	1	0	1	0	0	0
WX	0	0	0	0	1	—	0	0	0	0	0	0	0
LMX	1	0	1	0	1	1	—	1	1	1	1	0	0
ZF	1	0	0	0	1	1	1	—	1	1	0	0	0
DJA	0	0	0	0	0	0	0	0	—	1	0	0	0
CM	1	0	1	0	1	0	1	0	1	—	0	0	0
WCD	1	0	0	0	0	0	0	0	1	0	—	0	0
DZ	1	1	1	1	0	0	1	0	0	1	0	—	1
WCH	0	0	0	1	0	0	1	0	0	1	0	0	—

图 5-14　涌现网络矩阵 E

	ZZH	YH	CX	PD	SJD	WX	LMX	ZF	DJA	CM	WCD	DZ	WCH
ZZH	—	F_0	F_1	F_1	F_1	F_0	F_1	F_1	F_0	F_1	F_1	F_1	F_0
YH	F_1	—	I_1	F_0	F_1	F_0	F_0	F_1	F_0	F_0	F_0	F_1	F_1
CX	F_1	I_0	—	F_1	F_1	F_0	F_1	F_0	F_0	F_1	F_1	F_1	F_0
PD	F_1	I_0	I_1	—	I_1	I_0	I_1	F_1	F_1	F_1	F_1	I_0	I_0
SJD	F_1	I_0	I_0	I_0	—	I_0	I_0	F_1	F_0	F_1	F_0	I_0	I_0
WX	F_0	I_0	I_0	I_0	I_1	—	I_0	F_0	F_0	F_0	F_0	I_0	I_0
LMX	F_1	I_0	I_1	I_0	I_1	I_1	—	I_1	I_1	F_1	F_1	I_0	I_0
ZF	F_1	I_0	I_0	I_0	I_1	I_1	I_1	—	I_1	F_1	F_0	I_0	I_0
DJA	F_0	I_0	I_0	I_0	I_0	I_0	I_0	I_0	—	F_0	F_1	I_0	I_0
CM	F_1	I_0	I_1	I_0	I_1	I_0	I_1	I_0	I_1	—	F_0	I_0	I_0
WCD	F_1	I_0	I_0	I_0	I_0	I_0	I_0	I_0	I_1	I_0	—	I_0	I_0
DZ	F_1	I_1	I_1	F_0	F_0	F_0	F_1	F_0	F_0	F_1	F_0	—	I_1
WCH	F_0	I_0	I_0	F_1	F_0	F_0	F_1	F_0	F_0	F_1	F_0	I_0	—

图 5-15　区分了四个子结构的 LMIS 项目团队知识共享矩阵

5.5.4 知识共享分析

在明确知识共享网络结构基础上，可以进行相应分析，识别网络中的关键知识代理人和知识共享缺口。

5.5.4.1 识别关键的知识代理人

对 LMIS 项目团队涌现网络及其相应的两个子结构（网络）——被利用的正式结构和被利用的非正式网络——进行外向中心度、内向中心度和中间中心度分析，分析结果如表 5-3 所示。

表 5-3 LMIS 项目团队涌现网络及其子结构（网络）的中心性分析

	涌现网络 E			被利用的正式结构 F_1			被利用的非正式网络 I_1		
	out	in	betweenness	out	in	betweenness	out	in	betweenness
ZZH	8	9	37.067	8	9	53.200	0	0	0.000
YH	6	1	0.367	5	0	0.000	1	1	0.000
CX	8	6	8.733	8	1	0.000	0	5	0.000
PD	8	4	4.350	3	4	2.500	5	0	0.000
SJD	3	8	11.917	2	3	0.200	1	5	8.000
WX	1	3	1.500	0	0	0.000	1	3	4.000
LMX	8	7	9.350	3	4	2.500	5	3	5.833
ZF	6	6	6.767	2	3	0.200	4	3	9.333
DJA	2	5	2.417	1	0	0.000	1	5	1.833
CM	5	9	8.400	1	8	1.667	4	1	4.000
WCD	3	5	8.900	1	5	8.000	2	0	0.000
DZ	7	3	21.617	4	3	0.867	3	0	0.000
WCH	3	2	0.617	3	1	0.867	0	1	0.000

注：out 表示外向中心度、in 表示内向中心度、betweenness 表示中间中心度。

表 5-4 总结了表 5-3 的分析结果，列出了 LMIS 项目团队关键的知识提供者、吸收者和中介者。可以发现，目前 LMIS 项目团队关键的知识提供者有 ZZH、CX、PD、LMX 等，其中 ZZH、CX 主要通过正式结构发挥作用，PD、

LMX 则主要通过非正式网络发挥影响。ZZH、CM、SJD 是主要的知识吸收者，其中，ZZH、CM 主要通过正式结构，SJD 等主要通过非正式网络。ZZH、DZ、SJD 是主要的知识中介者，其中，ZZH 主宰了正式结构，SJD 等则主要对非正式网络产生影响。

表 5-4 LMIS 项目团队关键的知识代理人

	涌现网络 E	被利用的正式结构 F_1	被利用的非正式网络 I_1
关键的知识提供者	ZZH、CX、PD、LMX	ZZH、CX	PD、LMX
关键的知识吸收者	ZZH、CM、SJD	ZZH、CM	CX、SJD、DJA
关键的知识中介者	ZZH、DZ、SJD	ZZH	ZF、SJD

5.5.4.2 识别任务导向的知识共享缺口

依据前文所述知识共享缺口分析方法，LMIS 项目团队中第一类知识共享缺口即为图 5-15 中标注 "F_0" 的部分。为了明确表示这些缺口，图 5-16 将相应位置标以符号 "△"，其他部分则未标出。

	ZZH	YH	CX	PD	SJD	WX	LMX	ZF	DJA	CM	WCD	DZ	WCH
ZZH		△			△			△					△
YH				△	△	△		△	△	△		△	
CX					△			△				△	
PD													
SJD										△			
WX	△								△	△			
LMX													
ZF												△	
DJA	△									△			
CM													
WCD													
DZ					△	△		△	△				
WCH	△				△			△		△			

图 5-16 LMIS 项目团队第一类知识共享缺口

第5章 企业内正式与非正式知识共享的组织结构维度

在第一类知识共享缺口基础上继续识别第二类知识共享缺口，计算 LMIS 项目团队涌现网络矩阵 E 的 2 次幂（E^2），如图 5-17 所示：

	ZZH	YH	CX	PD	SJD	WX	LMX	ZF	DJA	CM	WCD	DZ	WCH
ZZH	—	1	4	2	5	2	5	4	5	7	3	1	1
YH	4	—	2	4	3	1	5	3	1	6	2	2	1
CX	7	1	—	2	5	2	5	4	5	7	3	1	1
PD	6	0	3	—	5	3	4	4	4	6	4	2	0
SJD	2	0	2	1	—	1	3	1	2	2	1	1	0
WX	1	0	0	0	0	—	0	1	0	1	0	0	0
LMX	5	0	2	2	5	2	—	3	3	5	3	2	0
ZF	3	0	3	1	4	2	2	—	2	3	3	1	0
DJA	1	0	0	0	1	0	0	0	—	1	0	0	0
CM	3	0	2	2	2	2	4	1	1	—	4	2	0
WCD	1	0	2	1	2	1	2	1	1	1	—	1	0
DZ	5	0	5	3	6	1	5	5	3	5	4	—	0
WCH	3	0	3	0	3	1	2	2	3	2	2	0	—

图 5-17　LMIS 项目团队涌现网络矩阵 E 的 2 次幂（E^2）

检查 E^2 中第一类知识共享缺口相应位置的值，相应位置在图 5-17 中用灰色标出。从图 5-17 可见，员工"WX"到员工"WCD"的相应位置为 0，代表从员工"WX"到员工"WCD"的工作知识传递存在第二类知识共享缺口，即"WX"到"WCD"的工作知识传递既无法直接到达，也很难以最短的路径（只中转 1 次）间接连通。最终确定的 LMIS 项目团队两类知识共享缺口如图 5-18 所示（第二类知识共享缺口代之以符号"▲"，第一类知识共享缺口仍以"△"表示）。

5.5.5　知识共享平衡策略

5.5.5.1　调控网络中的关键知识代理人

依据表 5-4，LMIS 项目团队中的 ZZH、CX、PD、LMX 是团队中关键的

	ZZH	YH	CX	PD	SJD	WX	LMX	ZF	DJA	CM	WCD	DZ	WCH
ZZH		△			△				△			△	
YH			△		△	△			△	△			
CX					△	△						△	
PD													
SJD									△				
WX	△								△		▲		
LMX													
ZF											△		
DJA	△								△				
CM													
WCD													
DZ					△	△	△		△				
WCH	△				△	△							

图 5-18 LMIS 项目团队的第一类和第二类知识共享缺口

知识提供者。除了通过各种激励手段提高他们知识共享积极性外，还应授予与其知识地位相匹配的权利，如公开明示 ZZH、CX 在 LMIS 项目团队内的管理地位，以及 PD、LMX 的技术专家地位。并要求他们在项目过程中履行一定的文档整理和指导责任，以此促进他们稳定的知识输出和贡献。依据表 5-4，LMIS 项目团队中的 ZZH、CM、SJD 是主要的知识吸收者。为了促进其知识吸收，项目团队应创造机制与机会使其与 ZZH、CX、PD、LMX 等关键知识提供者形成良好的对接。此外，团队还可以采用师徒制、团队学习等方式促进双方交互，加速知识共享。依据表 5-4，LMIS 项目团队中的 ZZH、DZ、SJD，是主要的知识中介者。他们应被更多地赋予协调者的角色，以加速知识流动。如在正式结构中发挥关键中介作用的 ZZH 更多地承担正式协调的重任，而 SJD 等则可以发挥非正式协调者的角色。此外，在 LMIS 项目团队的每种岗位或流程内明确选择经验丰富、沟通能力强的员工作为本岗位或流程的知识代理人，有助于促进知识高效流动。

5.5.5.2 通过网络优化避免知识共享缺口

对于第一类知识共享缺口，LMIS 项目团队应通过文化引导、IT 支持等情境创设来促进正式结构与非正式网络的自组织,以此达到网络优化、加速知识共享的目的。相比于第一类缺口,WX 和 WCD 之间的第二类知识共享缺口更应予以调控。此时,管理者可进一步明确 LMIS 项目团队中 WX 与 WCD 间的工作流程,或在 WX 和 WCD 之间设置明确的知识代理人,例如 PD。另外,可增加 WX 和包括 WCD 在内的其他成员的正式或非正式合作机会,以促使他们之间潜在非正式网络的开发,从而消除这类知识共享缺口,促进知识共享。

5.5.5.3 信息技术支持

作为 IT 企业,H 公司先后通过了 CMMI 3 级认证和 MMI ML5 评估,自主开发了工作流管理系统。LMIS 项目依托企业规范的软件研发管理平台和工作流系统,可以有效拓展正式知识共享空间。H 公司还自主开发了企业级的即时通讯平台,集成了图文消息、视频会话、手机短信、文件传输、广播消息、消息提醒等丰富的沟通功能,有助于拓展项目成员的非正式知识共享空间。上述信息技术支持手段在 LMIS 项目实施过程中,一定程度上起到了弥补知识缺口、优化知识共享的积极作用。

5.5.5.4 协作文化培育

作为一家 IT 企业,H 公司在行业竞争中采取相对保守的稳定型战略,企业也有着较好的协作文化。员工间的相处比较友善,公司氛围也相对宽松。因此,LMIS 项目成员协作良好,有着较高的知识共享意愿,有助于促进知识共享的优化和平衡。

5.6 本章小结

企业的正式结构和非正式网络是承载企业内部知识共享的重要结构载体,对于我们深入理解企业内部知识共享活动有重要意义。本章从"解构"企业内部结构网络的角度出发,分析了由正式结构和非正式网络构成的涌现网络及其四个子结构——被忽视的正式结构、被利用的正式结构、被利用的非正式网络和潜在的非正式网络,在此基础上进行知识共享分析,提出相应的知识共享平衡策略。最后通过一个案例进行了说明。本章方法有助于清晰地描述嵌入于企业正式结构、非正式网络及其子结构中的知识流动,为知识共享平衡优化提供依据。

第6章 企业内正式与非正式知识共享的关系维度

——工作关系和私人关系的平衡

6.1 企业内员工关系：工作关系和私人关系

从社会网络视角看，企业内员工社会关系是影响其组织行为的关键因素。组织关系具有多重性，较正式的工作关系和具有非正式色彩的私人关系是其中两种基本的社会关系类型。依据"嵌入性"理论，企业中的个体"嵌入"在企业成员的社会网络中，其行为不可避免地受其所处社会关系网络的影响。因此，对企业成员而言，他（她）必然根植于企业内的工作关系和私人关系中，其行为不可避免地受这两种关系影响。

工作关系是企业中最重要的一种社会关系，它主要来自企业正式制度赋予的员工角色安排。组织理论之父马克斯·韦伯在其经典的官僚制组织理论中，就对这种关系做过论述。马克斯·韦伯主张组织建立明确的等级制度、职能分工和规章法规，组织成员都必须恪尽职守，组织内人与人的关系只是职位上的关系，排除个人感情的干扰。李佳萍（2018）认为，工作关系是因工作而产生的各类关系的合集，包括工作中的监督关系、汇报关系及同事之间关系等。

庄越和潘鹏（2016）则认为，工作关系是组织成员围绕组织任务实施形成的共同目标、任务分配和利益共享的协同关系。在企业业务活动中，工作关系表现为员工的上下级关系以及部门、团队成员之间的公务关系。这些关系依据企业内正式规章制度赋予的角色与责任建立，服务于组织利益，是在组织框架下形成的具有制度化和契约化特征的正式关系。

私人关系是指人与人之间通过交往而形成的对各方发生影响的一种心理连接。在社会学语境下，私人关系的纽带可以是家人之间的亲缘关系，或朋友、同事之间的熟人关系，以及普通相识或生人关系等。在企业内部情境下，私人关系更多体现在同事之间的熟人、普通相识或不相识的生人关系方面。在企业内部，私人关系会带来丰富的关系产出：一是情感方面，良好的私人关系会促进人们情感上的亲近，为同事间的信任和友谊构筑基础；二是互惠性方面，人们可以从私人关系中受益，隐含着朋友之间的互惠互利；三是社会规范方面，由私人关系而形成的关系规范，隐含着一系列的隐性规则，体现了关系各方对彼此行为的期望；四是行为方面，私人关系会促进员工间的适应性行为，对员工的积极行为有促进作用，当然也可能带来一些谋取不正当利益的消极行为或影响。相比工作关系的正式化特点，私人关系具有典型的非正式交换特点。私人关系也被认为是个体社会资本的重要来源，因为个体社会资本来自个体的社会网络、个体间的互惠性规范及由此产生的信任，体现个体间一种非正式的影响力。而良好的私人关系可以催生个体社会资本的几乎所有要素——社会网络、互惠、信任等。此外，私人关系也被发现有助于促进员工的沟通、创新、承诺和支持行为。在中国文化情景下，私人关系在企业职场中显得尤为重要，并常被冠以"guanxi"一词，以区别于西方人际关系的独特之处。

在企业实践中，工作关系和私人关系这两类关系往往重叠、交织在一起，共同作用于员工的组织活动。

6.2 工作关系、私人关系与员工知识共享

工作关系和私人关系这两类社会关系共同影响企业中员工活动和产出，对员工的知识共享活动也有着深刻影响。因为，从社会关系角度看，知识很大程度上通过社会交互进行创造和交流。因此，在企业中，员工间关系就成为影响知识共享的关键因素之一。

已有研究表明了组织中社会关系对员工知识共享的重要促进作用。如 Chow 和 Chan（2008）通过对 190 位公司管理者的实证研究发现组织成员间的社会关系对员工知识共享态度和主观规范都有显著的正面影响，从而对他们的知识共享意图产生作用。Nahapiet 和 Ghoshal（1998）强调生成于社会关系的社会资本对知识资源获取和知识交换的重要性。Wang 等（2012）在中国企业情境下，实证检验了中国文化情景下的人际关系以及相应的规范和信任对知识共享的正面影响。Liu 等（2014）发现，社会关系会降低人们对知识权力损失的担忧，从而促进知识共享意图。国内学者刘佳和王馨（2013）通过实证研究发现，员工之间的社会关系越强，他们进行知识共享的互动频率也越高。邱均平等（2011）从网络关系、网络位置和社会资本三个角度肯定社会关系网络对组织内部知识共享的价值。

然而，已有研究在探讨企业内员工间社会关系对知识共享的影响时，很少对工作关系和私人关系这两类社会关系加以区分，导致文献对它们与员工知识共享间的作用机制仍缺乏较明确的解释。工作关系和私人关系这两种不同关系类型在员工知识共享中扮演着同样的角色吗？如若不是，它们如何作用于员工知识共享呢？组织知识管理战略在这一过程中有怎样的影响呢？

为了回答上述这些问题，下文将在理论分析基础上构建工作关系、私人关

系以及员工知识共享间作用机制的理论框架,并对该理论框架进行实证检验,以揭示企业内员工间不同关系维度对其知识共享行为的影响。

6.3 工作关系、私人关系与员工知识共享间关系的实证研究

6.3.1 理论和假设

现有研究日益强调社会关系及相应社会网络在知识共享中的作用。Granovetter(1985)提出著名的"嵌入性理论",以"网络嵌入"这一概念表达关系网络对网络中个体的影响:个体不是孤立地行动,而是不可避免地受社会网络中其他人的影响。在组织中,每个人都会和其他人建立各种直接或间接的联系。员工间的这种社会交互为知识共享提供了机会。正如 Chow 和 Chan(2008)所言:"人们更愿意与那些和他们有着紧密关系的人分享想法和资源。"Levin 和 Cross(2004)指出,具有较强关系的个体之间更有意愿和能力进行知识共享。Hansen(1999)也有类似结论,指出个体间关系质量,特别是面对面交互的时间长短,对于共享复杂知识尤其重要。Brass、Butterfield 和 Skaggs(1998)认为,关系通常具有多重性特点,即两个行动者之间通过多种关系联结在一起。在组织的机构特征之下,工作关系是员工间最显著的一种关系。工作关系具有正式化和制度化特征。在伴随于工作关系的组织规范要求之下,那些和其他成员保持更紧密工作关系的员工往往感受到更大的被要求参与知识共享的社会压力。承载工作关系的组织正式结构和流程也对工作知识的传播和共享提供了有效支撑。Marouf(2007)通过对一个组织 22 个部门的调查和实证研究发现,员工间工作交互的频繁度和工作关系的紧密性对员工间显性

知识与隐性知识都有显著的促进作用。在基于访谈结论解释这一结果时,她认为该组织集权化的组织结构和有力的横向协调机制促进了员工工作中的知识共享。大多组织都有类似的工作协作和知识共享机制,如通过报告和文档进行信息交流、通过任务规划和进度进行整合、通过明确的角色和职责定义进行协调、通过管理者或核心人员的例行或专题会议进行交流、使用知识共享系统等。正是通过这些机制,工作关系有效促进了员工间的知识共享。基于此,提出如下假设:

H1:工作关系对员工知识共享有正面影响。

私人关系是组织中和工作关系相对的另一种典型关系类型。私人关系隐藏于组织的正式结构和正式关系之后,具有较明显的非正式特征。随着信息社会的发展,现代组织越来越不能忽视组织成员间非正式的私人关系和非正式群体对组织运作的影响。很多研究已经证实,员工间非正式的人际交互和由此形成的良好私人关系会促进信任、自我效能感、自信心等动机因素,从而提升个体参与知识共享的意图。因此,员工间良好的私人关系是打破知识共享的公共品困境、促进员工合作与知识共享的有效途径。基于此,提出如下假设:

H2:私人关系对员工知识共享有正面影响。

对于组织员工而言,他们的工作关系和私人关系经常是重叠的。许多员工通过工作中的接触和交互逐渐建立他们的私人关系。反过来,良好的私人关系对工作关系有促进作用。一方面,良好的私人关系通常可以带来更融洽的工作上的协作行为;另一方面,在组织活动中,具有非正式特点的私人关系往往是较正式的工作关系的良好补偿,对正式关系产生促进作用。不少关于组织知识网络的研究显示,员工间的正式网络与非正式网络通常交织在一起,在这一过程中,员工间建立在信任基础上的良好私人关系对工作上的协作关系和知识共享都有明显的促进作用。Rizova(2007)通过对研发项目团队的社会网络分析发现,那些私人关系与工作关系匹配好的个体或项目团体更有可能取得成功。综上所述,员工间良好的私人关系有助于增强他们的工作关系,并通过工作关系对知识共享产生影响。基于此，我们认为私人关系对员工知识共享的影响一定程度上是通过工作关系的中介作用实现的。由此提出如下假设：

H3：工作关系在私人关系和员工知识共享间发挥中介作用。

知识管理战略是推行知识管理的组织不可避免要面对的问题。组织通常都在有意或无意地采用某种知识管理战略。Choi 和 Lee（2002）认为，一个组织的知识管理战略可以按两个维度进行描述：一个维度强调组织共享和使用显性的文档化知识的能力，主张通过正式系统编码和存储知识，这一战略取向可称为"系统"导向的知识管理战略；另一维度强调通过人际间的接触与互动共享知识，这一战略取向称为"人"导向的知识管理战略。组织知识管理战略不可避免地会影响组织成员的知识共享行为。"系统"导向的知识管理战略通常在组织正规化、规范化的基础上被采用。因此，在"系统"导向的知识管理战略取向下，工作关系的规范性更强，对知识管理相关活动的执行力较强，可能带来知识共享效果的增强。因此，本书认为，当组织有较强的"系统"导向知识管理战略取向时，工作关系对员工知识共享的正面作用可能会更强。基于此，提出假设：

H4："系统"导向知识管理战略对工作关系与员工知识共享关系具有调节作用，组织"系统"导向知识管理战略取向越强，工作关系对员工知识共享的影响越强。

"人"导向的知识管理战略鼓励通过人际交互共享知识，特别是非正式的知识交流。因此，在"人"导向的知识管理战略取向下，有利于工作运营和知识共享的可信任私人关系通常会被鼓励，可能带来更好的工作关系和知识共享效果。因此，本书认为当组织有较强的"人"导向知识管理战略取向时，私人关系对工作关系及员工知识共享的正面作用可能会更强。基于此，提出如下假设：

H5："人"导向知识管理战略对私人关系与工作关系间关系具有调节作用，组织"人"导向知识管理战略取向越强，私人关系对工作关系的影响越强。

H6:"人"导向知识管理战略对私人关系与员工知识共享关系具有调节作用,组织"人"导向知识管理战略取向越强,私人关系对员工知识共享的影响越强。

综合上述假设,得到研究模型,如图6-1所示。

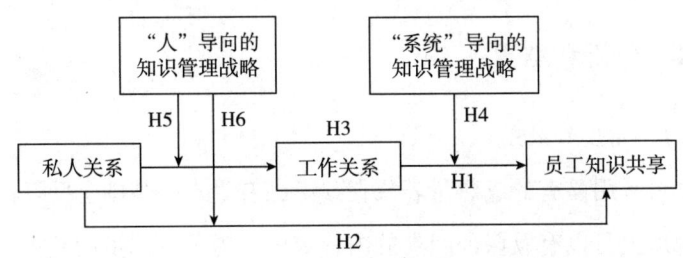

图6-1 研究模型

6.3.2 样本和数据

数据收集采用问卷调查法,为了保证问卷设计质量,首先以学术界与企业界人士为对象进行小样本测试,并根据反馈情况对题项进行修正。正式量表形成后,采用方便抽样,以西安理工大学MBA学员为调查对象,通过现场填答方式发放问卷100份,回收有效问卷94份,有效问卷回收率为94%。受访者中,60.4%为男性,39.6%为女性;年龄为21~40岁;32.3%为中高层管理者,49%的受访者为基层管理者,18.7%的受访者为职员,所有受访者都是大学专科以上学历。

6.3.3 变量度量

为了提高量表可靠性,尽量采用前人研究中已被证明行之有效的题项和量表。当题项必须被修改或开发时,则在有关文献基础上,反复讨论修订而成。

所有题项均采用李克特 7 级量表，范围从 1（非常不同意）到 7（非常同意）。

工作关系和私人关系的度量改编自 Huang（2009），各由 4 个题项组成。员工知识共享的度量采纳自 Lu、Leung 和 Koch（2006），由 5 个题项组成。组织知识管理战略的度量采纳自 Choi 和 Lee（2002），由 8 个题项组成，其中，四个题项度量"系统"导向的知识管理战略，其他 4 个题项用来度量"人"导向的知识管理战略。具体量表如表 6-1 所示。

6.3.4 分析和结果

6.3.4.1 信度和效度

本书尽量采用已有的成熟量表或在参考已有量表的基础上反复论证修改而成，一定程度上可以有效保证问卷的内容效度。为了进一步检验本研究构想及变量测度的信度、构面性和区别效度，对样本进行 Cronbach's α 分析、因子分析和项目总相关系数分析。根据经验判断方法，保留在变量测度题项中的问题项对所有题项的项目总相关系数应大于 0.5，并且测度变量的 α 值应该大于 0.7。通过项目总相关系数分析，删除了系数低于 0.5 的 3 个题项，在此基础上计算的各变量 α 值均大于 0.7（如表 6-1 所示），总量表 α 值达到 0.911。效度采用因子分析进行检验（KMO 检验值为 0.781，表示适合进行因子分析），因子分析结果显示各题项的因子负荷均大于 0.5（如表 6-1 所示），累计解释变异量 76.154%，表明问卷各变量及其题项具有较好的构面性和区别效度。

表 6-1 变量度量的因子分析和可靠性测试

变量	问题项	因子载荷	项目总相关系数	Cronbach's α
工作关系	1. 我和我公司的一些同事在工作上协作紧密	—	0.466	0.787
	2. 我会花很多时间与同事讨论工作中的问题	0.588	0.514	
	3. 由于工作原因，我接触公司的许多同事	0.799	0.704	
	4. 由于工作关系，我和公司的一些同事交往频繁	0.848	0.712	

续表

变量	问题项	因子载荷	项目总相关系数	Cronbach's α
私人关系	1. 我和公司的一些同事保持着紧密的私人关系	0.852	0.715	0.837
	2. 我会花一些时间与同事谈论工作之外的话题	0.822	0.732	
	3. 我和公司的一些同事是因为非工作原因认识的（如吃饭、娱乐、共同爱好与话题等）	0.583	0.537	
	4. 我和公司的一些同事工作之余交往频繁	0.726	0.731	
员工知识共享	1. 在日常工作中，我主动向同事传授业务知识	0.794	0.723	0.920
	2. 我把有用的工作经验和心得与大家共享	0.885	0.886	
	3. 在学到对工作有用的新知识后，我进行宣传，让更多的人学到它	0.799	0.770	
	4. 在工作岗位上，我拿出自己的知识与更多的人进行共享	0.804	0.812	
	5. 我积极利用公司现有的信息技术手段把自己的知识拿出来分享	0.839	0.792	
"系统"导向知识管理战略	1. 在我们公司，知识（诀窍、技术技能或解决问题的方法）被很好地归类、整理和文档化	0.739	0.656	0.802
	2. 在我们公司，知识容易通过正式文件和手册获取	0.783	0.603	
	3. 在我们公司，项目和会议结果会被整理、记录	—	0.297	
	4. 在我们公司，知识以手册或文档等方式被共享	0.814	0.621	
"人"导向知识管理战略	1. 在我们公司，我所需知识能方便地从同事和专家那里获取	0.845	0.682	0.785
	2. 在我们公司，很容易通过面对面方式获得专家的意见	0.820	0.596	
	3. 在我们公司，知识通过非正式的沟通和会议进行共享	0.580	0.614	
	4. 在我们公司，知识可以通过一对一指导的形式（例如师傅带徒弟）获取	—	0.444	

6.3.4.2 假设检验

采用回归分析方法对假设进行检验。在进行具体的回归分析之前，计算了变量均值、方差以及变量之间的两两简单 Pearson 相关系数，如表 6-2 所示。

表 6-2 描述性统计和 Pearson 相关系数

变量	均值	标准离差	1	2	3	4
工作关系	5.36	0.88				
私人关系	4.68	1.11	0.583**			
员工知识共享	4.94	1.04	0.676**	0.511**		
"系统"导向知识管理战略	5.06	1.05	0.479**	0.470**	0.281*	
"人"导向知识管理战略	4.65	0.99	0.500**	0.451**	0.435**	0.567**

注：*表示 $p<0.05$，**表示 $p<0.01$（2-tailed）。

（1）工作关系、私人关系与员工知识共享间的关系。简单线性回归分析被用来验证假设 H1 和 H2，即工作关系和私人关系对员工知识共享的影响。分析结果如表 6-3 所示。回归模型 M1 显示，工作关系对员工知识共享有显著正面影响（$\beta=0.676$，$p<0.001$，Adjusted $R^2=0.447$）。因此，假设 H1 被支持。回归模型 M2 显示，私人关系对员工知识共享有显著正面影响（$\beta=0.511$，$p<0.001$，Adjusted $R^2=0.247$）。因此，假设 H2 被支持。

表 6-3 工作关系和私人关系对员工知识共享的影响

自变量	因变量
	员工知识共享
M1	
工作关系	0.676***
F-Value	46.207***
Adjusted R^2	0.447
M2	
私人关系	0.511***
F-Value	19.409***
Adjusted R^2	0.247

注：***表示 $p<0.001$。

第6章 企业内正式与非正式知识共享的关系维度

为了分析工作关系在私人关系和员工知识共享间的中介作用,参考 Baron 和 Kenny (1986) 推荐的方法,三步骤回归分析被执行,分析结果表 6-4 所示。在第一步的回归模型中,私人关系对员工知识共享有显著的正面影响 ($\beta = 0.511$, $p < 0.001$);在第二步的回归模型中,私人关系对工作关系有显著的正面影响 ($\beta = 0.583$, $p < 0.001$);第三步的回归模型显示,在同时考虑工作关系和私人关系对员工知识共享的作用时,工作关系对员工知识共享仍有显著的正面影响 ($\beta_2 = 0.573$, $p < 0.001$),而私人关系对员工知识共享的影响则变得不显著 ($\beta_1 = 0.177$, n.s.)。说明工作关系在私人关系和员工知识共享间发挥完全中介作用。因此,假设 H3 被支持。

表6-4 工作关系在私人关系与员工知识共享间的中介作用检验

自变量	因变量	
	工作关系	员工知识共享
Step 1:私人关系		0.511***
Step 2:私人关系	0.583***	
Step 3:私人关系		0.177
工作关系		0.573***
F - Value		24.639***
Adjusted R^2		0.458
ΔR^2 (Step1 to Step3)		0.211

注:***表示 $p < 0.001$。

(2) 组织知识管理战略的影响。层次回归分析被用于检验组织知识管理战略的调节作用。表 6-5 检验了"系统"导向知识管理战略在工作关系与员工知识共享间的调节作用,模型 M1 显示了工作关系和"系统"导向知识管理战略对员工知识共享的直接效应 (Adjusted $R^2 = 0.439$, $F = 22.896$, $p < 0.001$)。模型 M2 在模型 M1 的基础上,考虑了工作关系和"系统"导向知识管理战略对员工知识共享的交互效应,结果显示二者的交互效应不显著 ($\beta = 0.118$, $p = 0.243$)。因此,假设 H4 未被支持。

表6-5 "系统"导向知识管理战略的调节作用

自变量	因变量	
	员工知识共享	
	M1	M2
工作关系	0.702***	0.699***
"系统"导向知识管理战略	-0.055	-0.051
工作关系×"系统"导向知识管理战略	—	0.118
F – Value	22.896***	15.839***
Adjusted R^2	0.439	0.443
ΔR^2	—	0.004

注：*** 表示 $p < 0.001$。

表6-6检验了"人"导向知识管理战略在私人关系、工作关系及员工知识共享间的调节作用，模型 M1 显示了私人关系和"人"导向知识管理战略对工作关系的直接效应（Adjusted $R^2 = 0.389$，$F = 18.844$，$p < 0.001$）。模型 M2 在模型 M1 的基础上，考虑了私人关系和"人"导向知识管理战略对工作关系的交互效应，结果显示两者的交互效应显著（$\beta = 0.176$，$p < 0.1$）。因此，假设 H5 被支持。模型 M3 显示了私人关系和"人"导向知识管理战略对员工知识共享的直接效应（Adjusted $R^2 = 0.288$，$F = 12.333$，$p < 0.001$）。模型 M4 在模型 M3 的基础上，考虑了私人关系和"人"导向知识管理战略对员工知识共享的交互效应，结果显示两者的交互效应不显著（$\beta = 0.112$，$p = 0.326$，$\Delta R^2 = 0.000$）。因此，假设 H6 未被支持。

表6-6 "人"导向知识管理战略的调节作用

自变量	因变量			
	工作关系		员工知识共享	
	M1	M2	M3	M4
私人关系	0.449***	0.459***	0.395**	0.401**
"人"导向知识管理战略	0.298*	0.278*	0.257*	0.245†

续表

自变量	因变量			
	工作关系		员工知识共享	
私人关系×"人"导向知识管理战略	—	0.176 †	—	0.112
F – Value	18.844 ***	13.969 ***	12.333 ***	8.546 ***
Adjusted R^2	0.389	0.410	0.288	0.288
ΔR^2	—	0.021	—	0.000

注：†表示 $p<0.1$，*表示 $p<0.05$，**表示 $p<0.01$，***表示 $p<0.001$。

综合上述分析，除了假设 H4 和 H6 以外，其他假设均获得支持。

6.3.5 研究发现

通过实证研究考察了企业内员工间两类典型的关系——具有正式特点的工作关系和非正式特点的私人关系——对员工知识共享的影响以及组织知识管理战略在其中发挥的作用，主要发现如下：①工作关系对员工知识共享有显著的正面影响，并在私人关系与员工知识共享间发挥完全中介作用；②当企业的"人"导向知识管理战略取向越强，私人关系对工作关系的影响越强，即"人"导向知识管理战略在私人关系与工作关系间发挥正向调节作用。

上述研究发现肯定了企业内员工间关系在促进知识共享方面的重要意义，这与已有文献的相关研究论断基本是一致的。上述研究结论有别于已有文献之处在于，凸显了工作关系的重要性，研究显示：工作关系不仅是员工知识共享的重要使能因素，也在私人关系与员工知识共享间扮演中介者的角色。研究还进一步揭示了企业知识管理战略的影响。上述发现有助于丰富企业内工作关系、私人关系与员工知识共享间作用机制的理论解释。研究对企业知识管理实践也有一定的指导意义。

一方面，工作关系和私人关系等不同关系类型对员工知识共享的影响机制并不相同。管理者在试图调节相应关系来促进员工知识共享时应采取有针对性的措施，在营造良好工作关系和私人关系的同时，更要注重引导和发挥私人关系对工作关系的正向促进作用,因为私人关系对员工知识共享的促进作用主要是以工作关系为媒介发挥的。

另一方面,不同导向的知识管理战略对企业内关系与员工知识共享存在影响。本节验证了"人"导向知识管理战略在私人关系与工作关系间的正向调节作用,表明在"人"导向知识管理战略取向下,良好的私人关系对提升工作关系更有价值,从而也间接地促进了员工知识共享。因此,在"人"导向知识管理战略取向下,管理者应该重视培养开放、信任的组织氛围,促进企业内良好互信的私人关系的形成,为员工知识共享提供助力。

6.4 平衡策略

6.4.1 企业知识管理战略的进一步讨论

上述实证研究显示了企业知识管理战略这一情境因素对员工关系和知识共享的影响。从情境因素调控的角度看,企业知识管理战略是员工关系和知识共享的一个关键调控因素。由于员工间的社会关系更多地依赖于人的自然属性,而不是技术,所以相比"系统"导向,专注于"人"导向的知识管理战略更有利于员工关系的培育,有助于私人关系和工作关系的良性互动,从而促进知识共享。

此外,研究显示,企业的很多因素会影响企业管理战略的形成和选择,如企业的人力资源管理、企业文化、组织结构、IT能力等。而企业知识管理战略除了极大地影响企业知识管理活动外,还会对企业的柔性、技术创新能力、企业绩效和竞争效能产生深刻影响。在企业实践中,企业知识管理战略会和上述因素产生复杂的交互,共同作用于包括工作关系和私人关系在内的员工关系，以及他们的知识共享活动。如企业知识管理和人力资源管理可以产生协同效应，共同促进员工工作关系和人际关系的良性互动，从而促进企业正式与非正式知识共享的平衡。

6.4.2 人力资源管理实践的影响

如上所述，企业人力资源管理实践对员工关系和知识共享的影响不容小觑，因此应把人力资源管理实践作为一个关键情境因素进行调控。从广义上讲，员工关系管理（Employee Relations Management，ERM）是企业人力资源管理范畴的重要内容。因此，人力资源管理是管理和调节企业与员工之间以及员工之间关系的重要手段。从知识的角度看，员工是组织知识的重要载体之一，大部分的组织知识存在于员工头脑中，因此人力资源管理对于有效的知识管理和知识共享来说也非常重要。

有效的人力资源管理实践有助于加强员工之间的沟通，增加员工通过交流获取知识的机会，进而促进其知识共享行为和创新行为。而且，员工之间交流机会的增加也会逐渐促进员工间社会关系的形成，如形成良好的工作关系和私人关系，从而促进员工间知识共享。此外，有效的人力资源管理实践也有助于有效地管理和解决员工冲突，从而促进员工间私人关系和工作关系的良性互动，带来正式知识共享与非正式知识共享的平衡。

6.4.3 企业文化的作用

企业文化是指在一定的社会经济条件下通过社会实践所形成的并为全体成员遵循的共同意识、价值观念、职业道德、行为规范和准则的总和。Schein（2006）指出，企业文化可以从人工因素、价值观和基本假定三个层次进行剖析。人工因素是企业文化中直观可见的部分，如体现企业文化特点的声音、图像、标志、标语、行为、着装、公司历史、传奇事迹、公司惯例、各种仪式等。更深层次的企业文化因素则是企业员工认同的价值观和共同默认的基本假定。因此，企业文化的核心是隐含在员工价值观背后的基本假设系统。它引导着企业中员工的各种行为，当然也包括员工的交互行为和知识共享行为，对员工关系和知识共享影响巨大。

良好企业文化带来的一个好处是有助于建立和谐的员工关系，既包括工作关系也包括私人关系。员工受积极企业文化的影响，会更注重企业的共同目标，员工间的凝聚力得到增强，对其工作关系和私人关系的协调都带来益处，对其知识共享意愿也有极大的促进。另外，企业文化对组织沟通影响巨大。良好的企业文化有助于构建以信任、合作为基础的组织沟通模式，使员工间的沟通更富成效，从而促进员工关系以及相应知识共享的平衡。

6.4.4 组织结构的影响

组织结构对员工关系及知识共享的影响体现在组织结构的集中化或分权化方面。集中化程度高的企业趋向于加强正规化，也更强调知识收集和传播的系统化。这样的组织结构通常更有利于工作关系构筑和知识编码等正式化知识共享行为。因此，过于强调集中化则容易导致企业对员工私人关系的了解和引导不足，难以形成私人关系和工作关系的良性互动，甚至产生私人关系不利于工作关系的现象，妨害正式与非正式知识共享的平衡。因此，组织结构集中化程度高的企业，应该有意加强对员工非正式关系和非正式知识共享行为的良性引导，以使其和正式行为产生良性互动，带动正式与非正式知识共享的平衡。这种情境下，企业文化建设显得尤为关键，良好的企业文化有助于员工非正式行为的自我约束，从而与正式行为相互促进，带来正式与非正式知识共享的平衡。

组织结构的分权化特征对员工关系及知识共享也有很大影响。分权化使决策权下移，员工有更多参与管理的机会，对员工知识能力和协作解决问题能力的要求更高，一定程度上会促进员工关系的发展，特别是构筑在工作关系基础上的私人关系的发展，提供更多的非正式知识共享机会。当然，过度分权化的弊端在于协调控制问题，此时一定程度的集权或技术集中化十分必要。例如，通过 IT 技术从信息流的角度将分权的部门和员工整合起来进行协调，有助于分权与管控的统一，促进正式与非正式知识共享的平衡。

6.4.5 IT 能力的影响

IT 技术的迅速发展及其管理重塑能力的不断提升，使其成为解决许多管理问题的重要手段。对于企业内员工关系和知识共享而言，IT 技术的影响举足轻重。对于一个具体的企业而言，IT 的影响体现在其运用 IT 技术的能力上，即 IT 能力。目前，企业内员工的关系模式和知识共享模式日益受其 IT 基础设施影响。IT 技术既可以很好地支持集中化模式，如集中的数据库和知识库，也可以很好地支持分散化和点对点模式，如群件、社群、即时通信等。不同企业在部署上述 IT 基础设施的侧重点和能力差异，会影响员工的关系模式和知识共享模式。只强调集中化或分散化 IT 技术的运用，可能会导致员工关系模式和知识共享模式的单一化趋势，带来企业正式与非正式知识共享的不平衡。因此，企业应加强其 IT 技术整合能力，以加强对不同员工关系模式和知识共享模式的支撑，促进正式与非正式知识共享的平衡。

6.5 本章小结

本章从企业内社会关系角度，讨论了较正式的工作关系和非正式的私人关系对员工知识共享的影响，以从关系维度探讨正式与非正式知识共享的平衡机理及平衡策略。首先在理论分析基础上，构建了员工工作关系、私人关系与知识共享间关系的概念模型，然后讨论了作为情境变量的组织知识管理战略对上述关系的影响。基于问卷调查数据，对上述理论模型进行了实证检验，研究发现：①工作关系和私人关系都对员工知识共享有显著的正面影响；②工作关系在私人关系和员工知识共享间发挥中介作用；③"人"导向的知识管理战略在私人关系和工作关系间发挥正向调节作用，并通过工作关系的中介作用对员工知识共享产生影响。在明确上述机理基础上，进一步从人力资源管理、企业文化、组织结构、IT能力等情境调控的角度，讨论了员工工作关系和私人关系的调控，以及通过员工关系调控实现正式与非正式知识共享平衡的策略。

第 7 章　企业内正式与非正式知识共享的协调机制维度

——规范化管理系统与共享价值观的平衡

7.1　组织协调机制：规范化管理系统和共享价值观的作用

组织内协调问题的研究由来已久，较早可追溯到 1776 年亚当·斯密《国富论》中关于协调产生于劳动分工的论述。此后，协调被看作管理的基本职能之一被广泛关注。随着信息技术的发展和竞争环境的变化，组织的扁平化、网络化趋势日益显现，组织的协调问题也越来越突出，受到学者们的广泛关注。Malone、Crowston（1990）等对组织协调进行了较系统的研究，指出在既定的目标约束下，任务和资源需要在组织成员间进行分配，会产生各种依赖关系，协调问题由此产生。参考 Malone 和 Crowston 的研究，协调被定义为："通过活动之间依赖关系的管理以有效达成目标的行动。"相应地，组织协调机制则是对组织活动依赖关系进行管理的各种机制。组织协调机制按其正规性可划分为两大类：正式协调机制与非正式协调机制。正式协调机制主要依赖于组织正式的规范化管理系统（Formal Systems）。非正式协调机制则主要依赖于组织正式系统以外的非正式体系，如各种非正式规则等，其中共享价值观（Shared Values）是决定协调成败的首要因素。

规范化管理系统通过制定企业规程、基本制度以及各类管理事务的作业流程，以形成统一、规范和相对稳定的管理体系。正式的规范化管理系统在组织协调中的重要性显而易见。俗话说，没有规矩，不成方圆。规范化管理系统旨在为企业开展各项事务提供统一、规范、相对稳定的运作框架及流程，以期达到企业井然有序和协调高效的目的。作为一个完整的管理系统，规范化管理系统通常涉及企业运作的多个方面，包括战略规划与决策程序、组织机构、业务流程、部门与岗位设置、规章制度和管理控制等；也涵盖企业运营层、管理层和战略层等各个层面。

规范化管理系统主要基于正式规则，因此规章制度的规范化是它的一个显著特点，强调以规章制度的形式将正式规则予以界定。通过系统化的规章制度和运行准则，规范化管理系统可以为企业内部成员之间的协作提供一个相对稳定的环境和一套可测可控的行为规则，使企业活动得到有效协调。另外，随着信息技术的发展和管理信息系统的普及，企业会使用信息系统对规范化管理方法和技术进行整合，用企业信息系统（如 ERP 系统），辅助进行规范的制度管理和流程控制，以充分发挥规范化管理系统的作用。

共享价值观是企业成员共同享有、支持和遵从的价值观念体系。它是企业活动的另一个重要协调手段。相比规范化管理系统的正式性和显性控制特点，共享价值观更倾向于隐性控制，具有较典型的非正式特点。

价值观以及相应的态度和信念是典型的"文化"因素。就如同一国文化在国家经济进步中的重大作用一样，"文化"因素在一个企业的经济活动中重要性毋庸置疑。现代企业除了有形的资本、物质资源和人力资源以外，价值观也日益成为企业竞争力的重要微观经济基础。作为一种文化力量，价值观可以成为行动准绳，在一定情况下，员工可以依据它在可供选择的各种行动方针中，做出自己的抉择。共享价值观则有助于企业员工依据共同的信念和态度，做出有利于群体和企业的行为选择。另外，共享价值观可以促进员工对企业的归属感和认同感，从而使员工自发地从维护企业利益角度进行行为选择。著名管理学者Pascale和Athos（1984）指出，"共享价值观"包括企业成员的精神、目的和共同具有的价值观，它是一个"能感动人的、能够将职工个人和企业目的真正结合在一起的价值目标"。美国管理学家劳伦斯·米勒（1985）指出："公司之组织和管理应有其价值和精神基础……改进生产力、革新公司，单从管理技巧下手只是治标，治本还需从新价值观的培养、倡导和实践上着手。"上述论述都体现了共享价值观对企业管理协调乃至长远发展的重要意义。

7.2 规范化管理系统、共享价值观与跨部门知识共享

相比于部门内部，企业内跨部门知识共享往往更不容易。因为基于地理位置临近性和较频繁的工作互动，同一部门的员工关系通常比较紧密。而不同部门之间由于地理位置区隔，或互动相对较少的原因，员工间关系总体上不如部门内部紧密，更容易出现沟通壁垒和交流障碍，阻碍跨部门知识共享。此时，有效的组织协调机制对促进跨部门知识共享就显得十分重要。

作为一种正式的协调机制，规范化管理系统对跨部门协作及相应的知识共享行为有很好的促进作用。规范化管理系统通过企业内员工协作规范的确定、工作流程衔接的规范化以及相应奖惩机制的制定实施，有助于提升企业各职能部门间分工与协作的有效性，可以明显提升不同部门员工间的协作效率和知识共享效果。刘新梅等（2017）通过来自国内206家企业的调查数据，发现规范的流程有助于知识的分享和创造。初浩楠（2011）通过实证研究发现，规范化的正式控制对知识共享有促进作用，而且对显性知识共享的正向影响比其对

隐性知识共享的影响更为显著。明确的制度、流程和奖惩制度可以有效制约不同部门员工间不合作的机会主义行为，避免破坏知识共享的行为出现。另外，规范化管理系统有利于文档资料的规范化管理，通过明确界定的文档流转过程和管理规定，及时获取、记忆、储存以及提取企业知识和经验，促进知识共享。规范化管理系统通常会借助信息系统手段加强跨部门知识管理流程的规范化、制度化和科学化，这些都有助于促进企业内跨部门知识共享效果。

具有非正式特征的共享价值观则是跨部门知识共享行为的另一个重要促进因素。价值观等文化因素被认为是社会资本的重要组成部分。如在 Nahapiet 和 Ghoshal（1998）、Narayan 和 Cassidy（2001）、苗红娜（2015）等对社会资本的论述中，价值观相似性等认知或文化维度被认为是增进不同主体间共同理解，增强社会资本的重要力量。因此，共享价值观有助于增进不同部门间员工的社会资本。而社会资本已经被证明是增进企业内跨部门知识共享的重要力量。社会资本有助于促进企业员工的组织承诺行为，从而增强员工的知识共享意愿，促进跨部门知识共享行为。共享价值观有助于避免不同部门间"小圈子"文化或亚文化冲突现象的出现。不同部门间员工由于地理位置区隔或互动相对较少的原因，容易引起价值观的冲突。这种价值观冲突会明显阻碍不同部门间员工的关系与协作，导致严重的跨部门知识共享障碍。共享价值观则有助于避免这一现象，使不同部门间员工在共同理解的基础上达成良好的协作关系，促进跨部门知识共享。

从上述分析和已有研究可见，规范化管理系统及共享价值观等不同协调机制对跨部门知识共享的促进作用已得到充分肯定。但作为正式/非正式特征明显不同的两种协调机制，二者在促进跨部门知识共享过程中如何相互作用？如何发挥共同作用？这样的问题仍值得进一步探究。因为只有明确上述问题，才能更好地理解正式/非正式特征不同的两种协调机制如何在跨部门知识共享过程中发挥作用，也才能更好地设计二者的平衡策略和协力机制。因此，下文将在理论分析基础上构建规范化管理系统、共享价值观与跨部门知识共享作用机制的理论框架,并进行实证研究,以发现正式/非正式特征不同的两种协调机制对跨部门知识共享行为的影响机理,为相应平衡策略的提出奠定理论基础。

7.3 规范化管理系统、共享价值观与跨部门知识共享间关系的实证研究

7.3.1 理论框架和研究假设

本部分的理论框架如图7-1所示。从知识共享效果来看,跨部门知识共享的效果可以分为满意度和成功度两个维度。满意度代表参与跨部门协作的员工对跨部门协作过程中信息交流、经验分享、合作质量、任务达标等知识分享相关方面的满意程度。成功度代表跨部门协作是否出现遭遇阻碍、出现异常、任务绩效低下、严重超期等影响知识共享成功的现象。规范化管理系统和共享价值观既各自对跨部门知识共享的满意度及成功度产生影响,也共同作用于跨部门知识共享,产生联合影响。

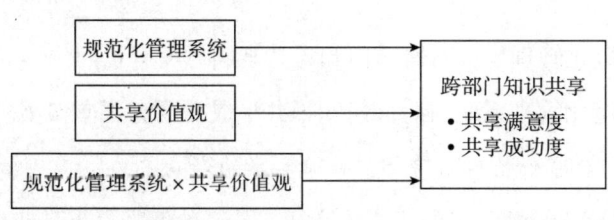

图 7-1 理论框架

7.3.1.1 规范化管理系统对跨部门知识共享的影响

规范化管理系统会通过规范的管理制度、运行准则、业务流程、奖惩机制

将企业的正式规则予以界定和系统化,对企业内活动进行协调。而规范的管理制度、运行准则、业务流程和奖惩机制在不少研究中已被证实是有利于跨部门知识共享的。例如,Almeida 和 Soares(2014)发现,缺乏规范化管理和相应IT 系统支持,会使企业内部,特别是跨部门、跨业务单元知识共享处于一种茫然无措的状态。Bartol 和 Srivastava(2002)发现,规范化的正式交互制度,如定期的正式会议,配合合理的利益分享和奖励机制,可以有效促进跨部门知识共享。Richter 等(2006)发现,跨部门协作时,企业正式指定的边界跨越者和协调者角色发挥了推动跨部门知识共享作用,而且在某些情境下比员工自发的非正式协调更加有效。Behnke(2010)从知识共享成本的角度,指出规范化的管理和流程,特别是与知识管理相关的规范化管理有助于促进跨部门知识共享活动。Gottschalk(2005)从知识资源支持角度,强调规范化管理系统通过正式的规划、控制、信息技术应用支持员工的知识工作,以从知识资源中获取竞争优势。正式的规范化管理系统,如正规的知识管理系统和人力资源管理系统,也可以加强对企业已有经验、技能诀窍及最佳实践的获取,有利于知识从个体层面向团队、部门和跨越部门的组织层面汇集,不受企业人员更替和离职的影响,对跨部门知识共享产生积极作用。基于上述讨论,本书认为规范化管理系统有助于促进跨部门知识共享满意度和成功度的提升。基于此,提出如下假设:

H1a:规范化管理系统对跨部门知识共享满意度有正向作用。

H1b:规范化管理系统对跨部门知识共享成功度有正向作用。

7.3.1.2 共享价值观对跨部门知识共享的影响

不同于规范化管理系统的正式化特征,共享价值观是更具非正式特征的一种组织协调机制。共享价值观对跨部门知识共享行为的促进作用主要来自认知和文化层面,它代表了跨部门协作的参与者相信其他人共享共同目标和价值观的程度。Ipe(2003)指出,相比于正式知识共享,更多的知识是通过非正式渠道共享的,而这种知识共享很大程度上依赖于工作情境中的文化因素。价值观就是这样一种重要的文化因素。它是个体某些行为态度和意图的重要前因，极大地影响着员工的组织行为。当员工对跨部门协作过程中的自身的知识共享行为具有自我价值感，则他（她）的价值观对跨部门知识共享行为具有正面促进作用。Minbaeva 和 Santangelo（2018）指出，个体愿意进行知识共享行为是因为知识共享符合他（她）们自己的目标和价值系统。当参与跨部门协作的所有员工都有共同的类似价值观时，就会极大地促进跨部门知识共享，带来良好的满意度和成功度。培育共享价值观是协调跨部门协作行为的一种有效方式。与正式机制的强制性特征相比，它对员工产生着潜移默化的影响。通过共享价值观可以有效避免员工的不合作风险和机会主义行为，降低不同部门协作的监控成本和代理成本，使协作更顺畅和高效，促进跨部门知识共享绩效。共享价值观也有助于提升员工交流情感、交换经验的意愿，促进知识交流。共享价值观也会给员工带来方向感、使命感和效能感，使他们的知识共享行为更加高效。相同的价值观念更容易催生人际间的信任，带动了员工间社会网络的构建和社会资本的形成，促进跨部门协作过程中各种知识资源的有效整合。Cheng 和 Coyte（2014）将价值观看作组织的无形资产，将员工个体价值观看作人力资本的组成部分，共享价值观则是组织资本的重要组成部分。作为一种人力资本或组织资本，价值观显著促进了知识共享。Zhao 等（2017）通过实证研究发现，共同的目标和良好的文化对个体的知识共享意愿有显著的促进作用。Fey 和 Furu（2008）通过对跨国企业的实证研究发现，共享价值观对跨部门知识共享有着显著的促进作用。基于此，提出如下假设：

H2a：共享价值观对跨部门知识共享满意度有正向作用。

H2b：共享价值观对跨部门知识共享成功度有正向作用。

7.3.1.3 规范化管理系统、共享价值观对跨部门知识共享的共同作用

作为不同性质的协调机制，规范化管理系统程度和共享价值观共同作用于跨部门知识共享。不少研究认为，二者结合有助于发挥更好的协调作用，但二者在促进跨部门知识共享过程中如何相互作用或共同作用的机制仍值得进一步

探究。从公共品提供角度,企业内部被共享的知识可看作是一种公共品。对于知识公共品的提供,制度层面的规范化管理系统和文化层面的共享价值观都很重要,但相较而言,共享价值观更为重要。因为如果员工缺乏共享信念和意愿,会导致公共品供应不足,出现知识共享贫乏的风险。Almeida 和 Soares(2014)指出,在知识共享过程中,正式机制与非正式机制的平衡关键在于员工对于正式机制的信念:如果员工认为正式机制有助于集体利益,他(她)们就会更愿意进行主动的知识共享。因此,这种共同的信念,即共享价值观,对跨部门知识共享的作用尤为关键。Goodman 和 Darr(1998)发现,在实施一个规范化的管理系统或信息系统之前,企业有一个良好的共享价值观或分享文化十分重要,因为它会直接影响个体的知识分享决策。另外,从社会交互角度看,跨部门知识共享本质上也是一种社会交互行为,在这一社会交互过程中观念和价值观因素的作用往往更为关键。这类非正式要素联同规范化管理系统等正式要素,可以显著提升知识共享的速度和质量(Lawson et al.,2009)。不少研究也发现,相比于正式知识共享,更多的知识是通过非正式渠道共享的。这体现了共享价值观对跨部门知识共享的关键作用。因此,我们认为,相比于规范化管理系统,共享价值观对跨部门知识共享满意度和成功度的影响更为显著。而在既定的共享价值观水平下,越规范的管理系统应该越有助于跨部门知识共享。因此我们假设规范化管理系统在共享价值观和跨部门知识共享满意度和成功度间发挥正向调节作用。具体假设如下:

H3a:规范化管理系统程度越高,共享价值观对跨部门知识共享满意度的正向作用越强。

H3b:规范化管理系统程度越高,共享价值观对跨部门知识共享成功度的正向作用越强。

7.3.2 样本和数据

数据来自对中国 IT 企业的问卷调查。IT 企业是知识密集型企业,也广泛

第7章 企业内正式与非正式知识共享的协调机制维度

采用跨部门协作方式去运作和应对竞争。本书聚焦于跨部门协作过程中的知识共享。因此,参考 Willem 和 Buelens (2007),我们要求调查对象回忆一个他们正在参与或已经参与(近三个月内)的跨部门协作任务。所以问题项都依据跨部门协作任务来回答。问卷来自两个方面:一是基于滚雪球方法,选择来源于 IT 企业的 50 位非全日制 MBA 学生,请他们选择自己公司或来自 IT 企业的朋友填写问卷;二是通过对 IT 专业社区中的 IT 从业者的电子问卷调查。获得有效问卷 294 份。

表7-1 受访者统计性特征

类别		样本数	百分比(%)
性别	男	165	56.1
	女	129	43.9
年龄	20 岁以下	1	0.3
	21~30 岁	160	54.4
	31~40 岁	127	43.2
	41 岁以上	6	2.1
教育	专科	32	10.8
	本科	198	67.3
	硕士	55	18.7
	博士	9	3.2
工作年限	3 年以下	45	15.3
	4~6 年	140	47.6
	7~9 年	81	27.6
	10 年以上	28	9.5
部门	管理/规划	53	18.1
	研发/设计	92	31.3
	市场/销售	60	20.4
	工程/技术	66	22.4
	咨询/服务	23	7.8

7.3.3 变量度量

为了提高量表可靠性,尽量采用前人研究中已被证明行之有效的题项和量表。当题项必须被修改或开发时,则在有关文献基础上,反复讨论修订而成。所有题项均采用李克特7级量表,范围从1(非常不同意)到7(非常同意)。规范化管理系统的度量改编自 Willem 等(2006)、Mintzberg(1979)、Galbraith(1973)等,由4个题项组成。共享价值观的度量改编自 Willem 等(2006)、Kim(1998)、Thompson 等(1999),由4个题项组成。知识共享满意度和成功度改编自 Willem 等(2006)、Becerra - Fernandez 和 Sabherwal(2001)、Hoopes 和 Postrel(1999)等,各由4个题项组成。表7-2总结了变量度量的基本情况。

表7-2 变量度量概况

变量	测量重点	问题项	主要参考文献
规范化管理系统	跨部门协作过程中的工作流程、文件汇报、规章制度、工作细节的规范化管理程度	4	Willem 等(2006)、Mintzberg(1979)、Galbraith(1973)
共享价值观	跨部门协作过程中参与协作的不同部门同事间共享行为准则、工作目标、工作要求、价值判断的程度	4	Willem 等(2006)、Kim(1998)、Thompson 等(1999)
知识共享满意度	对跨部门协作过程中信息交流、经验分享、合作质量、任务达标等方面的满意程度	4	Willem 等(2006)、Becerra - Fernandez 和 Sabherwal(2001)
知识共享成功度	跨部门协作是否出现遭遇阻碍、出现异常、任务绩效低下、严重超期等影响知识共享成功的现象	4[a]	Willem 等(2006)、Hoopes 和 Postrel(1999)

注:a 表示反向计分。

第7章 企业内正式与非正式知识共享的协调机制维度

7.3.4 分析和结果

7.3.4.1 信度和效度

本书尽量采用已有的成熟量表或在参考已有量表的基础上反复论证修改而成，在一定程度上可以有效保证问卷的内容效度。为了进一步检验本书构想及变量测度的信度、构面性和区别效度，对样本进行 Cronbach's α 分析和因子分析。信度分析显示，规范化管理系统的 α 值为 0.823，共享价值观的 α 值为 0.847，知识共享满意度的 α 值为 0.872，知识共享成功度的 α 值为 0.886（各变量 α 值均大于 0.7）。效度采用因子分析进行检验（KMO 检验值为 0.905，Bartlett 球形检验的统计值显著性概率为 0.000，表示适合进行因子分析），因子分析结果显示各题项的因子负荷均大于 0.5，表明问卷各变量及其题项具有较好的构面性和区别效度。

表 7-3 变量度量的因子分析和可靠性测试

变量	问题项	因子载荷	Cronbach's α
规范化管理系统	①公司的正式工作流程规定了我们和其他部门的同事们如何协作	0.800	0.823
	②在协作中，我们和其他部门的同事们通过大量的报告和正式文件交流信息	0.723	
	③协作过程中，我们和其他部门的工作遵循大量的规章制度	0.704	
	④协作中，工作规程和条例规定了我们和其他部门的工作细节	0.787	
共享价值观	①协作过程中，我们和其他部门的同事们都知道哪些错误是不能犯的	0.757	0.847
	②协作过程中，我们和其他部门的同事们有着一致的工作目标	0.816	
	③协作过程中，我们和其他部门的同事们都认可公司提出的工作要求	0.704	
	④协作过程中，我们和其他部门的同事们都知道工作中什么最重要	0.741	

续表

变量	问题项	因子载荷	Cronbach's α
知识共享满意度	①对协作过程中跨部门信息、经验交流情况,我们感到满意	0.838	0.872
	②总体上,我们对与其他部门的合作状况感到满意	0.858	
	③协作中,其他部门达到了我们的任务标准和要求	0.845	
	④协作已经为我们提供了一个与其他部门更多地分享我们经验和思想的机会	0.809	
知识共享成功度[a]	①协作过程中,我们的工作经常遭遇其他部门的拖延或阻碍	0.849	0.886
	②在和其他部门的协作过程中,异常状况或问题经常出现	0.874	
	③其他部门有意或无意向我们隐瞒了一些特定的信息,导致了协作任务的拖延或低绩效	0.858	
	④协作任务所花费的时间大大超出预期时间	0.816	

注:a 表示反向计分。

7.3.4.2 假设检验

研究显示,不同部门的知识特性通常是不同的。在跨部门协作中,任务知识特性与部门类型通常是相关的。因此,将部门类型作为控制变量加以控制。

采用分层回归分析方法对假设进行检验。在进行具体的回归分析之前,计算了变量均值、方差以及变量之间的两两简单 Pearson 相关系数,如表 7-4 所示。相关分析显示,规范化管理系统、共享价值观与跨部门知识共享满意度及成功度之间有显著相关性。

表 7-4 描述性统计和 Pearson 相关系数

变量	均值	标准离差	1	2	3	4	5	6	7
部门类型(管理/规划)									
1. 研发/设计	0.31	0.46							
2. 市场/销售	0.20	0.40	-0.342**						
3. 工程/技术	0.22	0.42	-0.363**	-0.272**					
4. 咨询/服务	0.08	0.27	-0.197**	-0.148*	-0.157**				
5. 规范化管理系统	5.04	0.95	0.187**	-0.150*	0.011	-0.129*			

第7章 企业内正式与非正式知识共享的协调机制维度

续表

变量	均值	标准离差	1	2	3	4	5	6	7
6. 共享价值观	5.48	0.90	0.067	-0.062	0.026	-0.126*	0.615**		
7. 知识共享满意度	5.38	0.88	0.139*	-0.137*	0.006	-0.142*	0.574**	0.684**	
8. 知识共享成功度	4.17	1.28	0.086	-0.043	-0.051	-0.047	0.123*	0.275**	0.348**

注：*表示 $p<0.05$，**表示 $p<0.01$（2-tailed）。

在上述分析基础上，采用分层回归分析检验假设。在进行回归分析前，变量首先经过了中心化处理。我们也检验了每个回归模型中预测变量的方差膨胀因子 VIF，结果显示不存在多重共线性问题。分析结果如表 7-5 所示。

表 7-5 分层回归分析结果

变量	共享满意度			共享成功度		
	M1	M2	M3	M4	M5	M6
部门类型（管理/规划）						
研发/设计	0.027	-0.001	0.002	0.029	0.039	0.026
市场/销售	-0.169*	-0.093	-0.094	-0.061	-0.044	-0.041
工程/技术	-0.057	-0.046	-0.046	-0.067	-0.061	-0.063
咨询/服务	-0.170**	-0.067	-0.060	-0.060	-0.026	-0.055
规范化管理系统		0.224***	0.222***		-0.095	-0.089
共享价值观		0.534***	0.533***		0.327***	0.332***
规范化管理系统×共享价值观			-0.031			0.140*
Adjust R^2	0.038	0.506	0.505	0.011	0.088	0.107
F	3.859*	50.935***	43.660***	0.828	4.608***	4.872***

注：*表示 $p<0.05$，**表示 $p<0.01$，***表示 $p<0.001$（2-tailed）。

分层回归模型表明，规范化管理系统对知识共享满意度有显著正面影响（$\beta=0.222$，$p<0.001$），对知识共享成功度的影响则不显著（$\beta=-0.089$，$p=0.219$）。因此，假设 H1a 成立，而 H1b 则未获支持。共享价值观对知识共享满意度有显著正面影响（$\beta=0.533$，$p<0.001$），对知识共享成功度也有显

著正面影响（β=0.332，p<0.001）。因此，假设 H2a 和 H2b 成立。

对于规范化管理系统和共享价值观的共同作用，模型 M3 表明，规范化管理系统在共享价值观和跨部门知识共享满意度间发挥的调节效应并不显著（β=-0.031，p=0.470），因此假设 H3a 未获支持。模型 M6 则显示，规范化管理系统在共享价值观和跨部门知识共享成功度间发挥显著的正向调节作用（β=0.140，p<0.05）。为了进一步明确调节效应的作用机制，绘制调节效应图，如图 7-2 所示。图 7-2 表明，规范化管理系统程度越高，共享价值观对跨部门知识共享成功度的正向作用越强，因此，假设 H3b 成立。

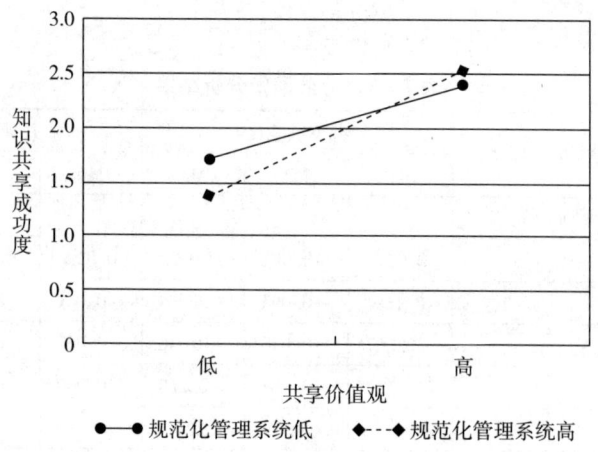

图 7-2 调节效应

假设检验结果汇总如表 7-6 所示。

表 7-6 假设检验结果

假设	验证结果
H1a：规范化管理系统对跨部门知识共享满意度有正向作用	支持
H1b：规范化管理系统对跨部门知识共享成功度有正向作用	不支持
H2a：共享价值观对跨部门知识共享满意度有正向作用	支持

第7章 企业内正式与非正式知识共享的协调机制维度

续表

假设	验证结果
H2b：共享价值观对跨部门知识共享成功度有正向作用	支持
H3a：规范化管理系统程度越高，共享价值观对跨部门知识共享满意度的正向作用越强	不支持
H3b：规范化管理系统程度越高，共享价值观对跨部门知识共享成功度的正向作用越强	支持

根据上述假设检验结果，相关因素关系的分析结果如图 7-3 所示。

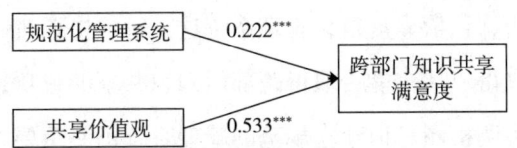

（a）规范化管理、共享价值观与跨部门知识共享满意度的关系

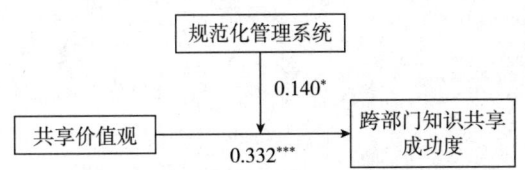

（b）规范化管理、共享价值观与跨部门知识共享成功度的关系

图 7-3 数据分析结果

7.3.5 研究发现

从上述分析结果可见，对于跨部门知识共享满意度而言，规范化管理系统和共享价值观都是显著的预测变量，其中共享价值观的影响更大。对于跨部门知识共享成功度而言，共享价值观是显著的预测变量，规范化管理系统的影响则不显著，但规范化管理系统会正向调节共享价值观与共享成功度间的关系，即规范化管理系统程度越高，共享价值观对跨部门知识共享成功度的正向作用越强。

上述研究结果彰显了规范化管理系统、共享价值观等正式或非正式协调机制在跨部门知识共享中的重要作用。相比规范化管理系统，共享价值观这一非正式协调机制在跨部门知识共享过程中显示出更高的影响度和重要度。说明为了打破部门壁垒，提升跨部门知识共享效果，企业必须重视培育员工和部门间的共享价值观。共享价值观有助于从认知和文化层面提升员工的知识共享意愿，从而提升跨部门知识共享的满意度和成功度。另外，规范化管理系统和共享价值观对共享成功度的共同影响则凸显了跨部门知识共享过程中二者平衡的重要。这一发现表明，仅依靠规范化管理系统这一正式协调机制去促进跨部门知识共享，不容易取得成功。能否取得跨部门知识共享的成功，更依赖于共享价值观这一非正式协调机制。但建立规范的管理系统仍然重要，因为管理系统的规范化程度越高，越能充分发挥共享价值观的协调作用，提升跨部门知识共享的成功度。

7.4 平衡策略

7.4.1 跨部门协作形式的影响

跨部门协作形式是影响跨部门协调机制及相应知识共享效果的重要情境因素之一，在考虑不同协调机制和知识共享方式的平衡策略时应予以重点关注。通常，不同部门之间可以通过信息系统、联络员、临时任务组、专职整合员、跨职能项目团队等不同形式进行协作。信息系统指不同部门之间通过跨职能的信息系统进行例行信息交流。联络员方式通过设在一个部门之内但负责和其他部门进行沟通的联络员进行跨部门联系以解决问题。临时任务组指通过组建由多部门人员组成临时的任务小组进行直接的跨部门协调以解决问题。专职整合员指为协调专门设置一个职位或部门，独立于多个部门之外，负责各部门间的协调。跨职能项目团队是一种更强的跨部门协调机制，把各种部门具有不同知识、技能的员工组合起来完成某一项目。当企业围绕某项重要任务，在一段较长时间内需要协调多部门间的活动时，经常采用这种形式。不同的跨部门协作形式，代表了不同的协调强度和信息沟通需求强度。上述不同跨部门协作形式的协调强度和信息沟通强度是递增的，即信息系统的协调程度和信息沟通程度较低，而跨职能项目团队的协调强度和信息沟通程度最高。随着跨部门协作任务横向协调和信息沟通需求的不同，企业通常也会根据需要采用不同的跨部门协作形式。

在通过跨职能信息系统进行例行信息交流这种跨部门协作形式中，知识共享主要依赖信息系统这一正式途径，对非正式知识共享的需求没那么高。但随着跨部门协作横向协调和信息需求的递增，对正式及非正式知识共享的需求增加，此时规范化管理系统、共享价值观等正式及非正式协调机制对跨部门知识共享的成功变得越发重要。当企业采用跨职能项目团队这种跨部门协作形式时，共享价值观和规范化管理系统等协调机制，特别是共享价值观这一非正式协调机制，往往决定着跨部门知识共享的成败。此类团队成员来自不同职能部门，往往有着不同的工作技能和知识结构，这丰富了团队的知识结构，但也增加了协调难度和取得共识的难度。例如，Keller（2001）基于93个跨职能项目团队的调查发现，职能多样性增加了协调难度而可能对团队凝聚力产生负面影响。此外，一些跨部门协作可能是虚拟的、远程的。大量的远程沟通代替了原有的面对面交流，因此往往有更大的协调需求，协调质量可能直接关乎跨部门知识共享的效果。此时，规范化管理系统和共享价值观对平衡知识共享策略、提升知识共享效果就显得更为重要了。

7.4.2　任务特性的影响

跨部门协作任务本身的一些特性也是影响相应协调需求和知识共享效果的

重要情境因素。跨部门协作任务的主要特性包括任务复杂性和任务互依性。研究显示，任务复杂性对跨部门协调、知识共享和任务绩效都有着广泛影响。任务越复杂，协调的必要性就越高，有效的协调行为对绩效结果的正向作用就趋向越强。而协调不利对结果的负面影响显而易见。特别是当面临较高的任务复杂性时，如复杂产品系统研发等，由任务知识复杂性而引发的跨部门知识共享难题本身就很难被协调机制（无论是正式还是非正式协调机制）所完全补偿。在类似任务中共享复杂知识，特别是隐性知识，通常是十分困难而且费时费力的。此时如果协调机制不能发挥预期效果，跨部门协作任务是很难成功的。因此，对于复杂性较高的跨部门协作任务，规范化管理系统和共享价值观等协调机制对于跨部门知识共享成功有着十分重要的意义。而且，任务复杂性越高，对共享价值观等非正式协调机制的要求就越高，而规范化管理系统的协调作用将减弱。杨丹（2010）通过调查发现，知识含量越低的任务，其最优生产率对应的规范化程度越高；而知识含量越高的任务，其最优生产率对应的规范化程度越低。这是因为随着任务知识复杂性的提高，对隐性知识共享的要求越高，相应能促进隐性知识共享的非正式协调机制，如共享价值观，就应该充分发挥作用。研究显示，尽管任务复杂性提高了协调要求，但它会激发协作成员的信息交流和知识共享行为，反而可能使员工激发出更高的创造力，带来好的绩效结果。当然，在这一过程中，有效的非正式协调机制的作用，如共享价值观等，在促进成员知识共享行为方面不可或缺。Godart 等（2016）从协作团队社会网络构筑的角度，指出在协作任务过程中协作成员间的社会关系并非越多越好，过多的社会关系反而可能带来任务绩效的降低，引发一种社会困境。任务复杂性和协作成员的个人主义取向会加剧这种社会困境，而共享价值观则有助于缓解乃至解决这一困境。

跨部门协作任务的另一重要特性——任务互依性也是协调需求产生的重要根源，它会影响协作任务执行过程以及协作成员间的交互过程。任务互依性能够促使他们为解决问题寻求帮助，这有助于促进协作成员间的知识共享。调查显示，任务互依性高的协作团队往往有更好的合作、更高的过程质量和满意度。这是因为任务互依性有助于激发协作成员达成共同目标的愿望，促使他们形成共同认知，为了实现目标努力工作。另外，Wageman 和 Gordon（2005）发现，协作团队成员的价值观具有塑造任务互依性呈现的能力。协作任务团队在形成时，如果协作成员间有着良好的共享价值观，那么他们就倾向于采用互依性更高的一种协作任务结构设计。在协作过程中，成员间的协调也倾向于一种根据其他协作成员行动及任务需要动态调整自身行为的内隐式协调。这种基于共享价值观的内隐协调相比规范化管理系统的正式规制更富效率。

7.4.3 组织学习的作用

组织学习是组织不断发现和修正其不足之处以适应环境变化的过程。组织学习使组织成员不墨守成规，而是通过学习不断获取新知识，改善自身行为，优化组织体系，提高组织的适应性和效率。组织学习过程的实施和能力的培养有助于提升跨部门协作过程中规范化管理和共享价值观的平衡，以促进正式与非正式知识共享的平衡。

组织学习能够促进组织成员在跨部门协作过程中进行系统化思考，通过个体反思和群体学习逐渐形成共享心智，培育共享价值观。而组织学习的制度化和对企业制度质量的提升作用，也有助于促进规范化管理系统的适应性和效率，提升管理系统解决企业内外部问题的及时性和有效性。因此，组织学习对企业规范化管理系统和共享价值观都有促进作用，有利于二者的调适和平衡。而且，组织学习也对员工知识共享行为有极大的促进作用，可以显著促进跨部门正式与非正式知识共享。因此，培育企业的组织学习能力是一种同步提升规范化管理系统效用和培育共享价值观的有效途径，对跨部门正式与非正式知识共享也有极大的促进作用。特别是在复杂动态的环境下，组织学习可充分发挥效力，促进相关要素的动态平衡。

7.4.4 组织氛围的营造

Schneider（1990）将组织氛围定义为"在某种环境中员工对一些事件、活动和程序以及那些可能会受到奖励、支持和期望的行为的认识"，可描述为同一组织中各成员共享的认知。可见，组织氛围与规范化管理系统和共享价值观都有极大关联，对二者都有很大促进作用。组织氛围是在员工互动过程中逐渐形成的。规范化的管理系统、共享的价值观、信任的企业文化、有效的激励机制、授权与民主的领导方式等因素有助于良好组织氛围的营造，组织氛围反过来又会促进上述因素，形成良性循环。

在跨部门协调和知识共享方面，组织氛围也是有效的润滑剂和催化剂。Rodriguez 等（2008）基于178家公司的调查发现，组织氛围可以有效地促进部门间的协调，无论是规范化制度执行还是共享价值观方面，而且一定程度上可以补偿其他因素的劣势，如高管支持不足等。徐艳（2014）指出，组织氛围会通过主观规范的作用影响员工的知识共享意愿，从而促进跨部门知识共享。Hammami 等（2013）通过实证研究发现，组织氛围对知识共享有显著的促进作用。在跨部门协作过程中，依托于正式制度的管理控制系统对跨部门知识共享既可能产生促进作用，但也可能会有消极影响，依托于成员共享认知和共享价值观的组织氛围可以产生很好的补偿作用，对于跨部门协调和知识共享平衡起到积极影响。

7.5 本章小结

本章讨论了正式的规范化管理系统和具有非正式特征的共享价值观这两类组织协调机制对企业内跨部门知识共享的影响，以从协调机制维度探讨正式与

第7章 企业内正式与非正式知识共享的协调机制维度

非正式知识共享的平衡机理及策略。在理论分析基础上,构建了规范化管理系统、共享价值观与跨部门知识共享间关系的概念模型。基于294份来自IT企业的调查问卷,对上述理论模型进行了实证检验,研究发现:①规范化管理和共享价值观对跨部门知识共享满意度具有显著的正面促进作用;②规范化管理系统在共享价值观与跨部门知识共享成功度之间发挥正向调节作用,即规范化管理系统程度越高,共享价值观对跨部门知识共享成功度的正向作用越强。在明确上述机理基础上,进一步从跨部门协作形式、任务特性、组织学习、组织氛围等情境调控的角度,讨论了规范化管理系统和共享价值观等不同协调机制的情境适用性,以及通过协调机制调控实现正式与非正式知识共享平衡的策略。

第 8 章 企业内正式与非正式知识共享的信任维度
——制度信任和人际信任的平衡

8.1 企业内的两种基本信任形式：人际信任与制度信任

企业活动的开展和企业目标的达成都离不开企业成员的社会交互。信任，作为影响社会交互效果的核心要素，在企业经营活动中扮演着举足轻重的角色。作为一种普遍的社会现象，信任在人类社会和经济活动中无处不在，在复杂动态的组织协作和知识交流情境下则显得尤为重要。

基于信任在企业成员协作和知识共享中的重要作用，相当多的研究已经聚焦于探讨企业成员间的信任问题。在已有文献中，人际信任（Interpersonal Trust）是被经常提及的一种信任形式。作为社会交互过程中的一种个体选择，人际信任主要来自人际关系和网络。在企业中，和人际信任相对的另一种基本的信任形式是制度信任（Institution-based Trust）。不同于人际信任的"个体选择"特征，制度信任基于规范、规程等非个人化结构（Impersonal Structures），来源于"必要的非个人结构可以确保个体的可信任行为"这一信念。

根据 Rousseau 等（1998）学者的定义，信任是一种"基于对他人意图或行为的正面期望而愿意向他人暴露自己的弱点从而将自己处于易受伤害处境的心理状态"。在组织情境下，人际交互是这种"心理状态"的重要来源，即人际信任。非个人化的组织系统或结构是这种"心理状态"的另一个来源，即制度信任，特别是在不熟悉的个体之间。

表 8-1 对人际信任和制度信任的定义、来源、发挥作用层面、影响员工行为与合作的机制等方面进行了比较。如表 8-1 所示，尽管人际信任和制度信任来自不同的来源，但它们共同影响企业中员工的信任和合作行为。

表 8-1 人际信任与制度信任的比较

	人际信任	制度信任
定义	基于个体交互产生的一种意愿，一方愿意放弃监控或控制对方的行为，期望对方会执行对自身有重要意义的某种行动，并愿意接受对方行动可能带来的伤害	认为必要的非个人化结构可以确保个体可信任行为的信念
信任的来源（结构）	人际交互和基于受信者能力、善意和正直的个体选择，包括计算型信任、了解型信任（类似于认知型信任）和认同型信任（类似于情感型信任和关系型信任）等	来自非个人化结构的结构保证和情境规范，在组织情境下，主要包括感知的监控、反馈和合作规范等
发挥作用的层面	微观组织（个体）层面	从宏观组织（集体）层面到微观组织（个体）层面
如何影响员工的行为	影响个体的信任意图和期望，导致个体的信任行为	非个人化结构和制度化因素被个体接受和内化，导致集体/个体的信任行为
如何促进员工间的合作	促进个体自发的协调和合作	在所有参与者中建立共同理解和合作共识，促进员工（特别是不熟悉的员工之间）合作

8.1.1 人际信任

人际信任是基于个体交互产生的一种意愿，一方愿意放弃监控或控制对方的行为，期望对方会执行对自身有重要意义的某种行动，并愿意接受对方行动可能带来的伤害。人际信任产生于人际关系中，一般通过反复的、正面的人际交互而逐渐建立。在组织情境下，个体间的人际信任随任务、处境和对象的不同而不同，表现为个体的一种选择行为。

已有文献将人际信任识别为一个复杂的结构。Mayer 等（1995）指出，受信者的可信性可以从其被感知到的能力、善意和正直三个维度加以解释。能力是使受信者在某些特定领域产生影响的一组技能、能力和特点。善意指除了自利动机以外，受信者所表现出来的关心信任者福利的友善程度。正直代表信任者感觉受信者遵循着自己可接受的行为准则。Shapiro 等（1992）提出了人际信任的两个子结构——了解型信任（Knowledge - based Trust）和认同型信任（Identification - based Trust）。和 Rousseau 等（1998）的论述一致，我们认为威慑不是一种信任，因此将 Shapiro 等（1992）提出的基于威慑的信任（Deterrence - based Trust）排除，不作为人际信任的一个维度分类。了解型信任来源于对对方逐渐了解，认为对方的行为是可预测的。认同型信任则基于同理心和个体之间的相互理解。McAllister（1995）列举了两个类似的子结构——认知型信任（Cognition - based Trust）和情感型信任（Affect - based Trust）。认知型信任基于个体认为对方是可靠和可依赖的这一信念。情感型信任则来自互为回报的人际关系和关注。Rousseau 等（1998）列举了计算型信任（Calculative Trust）和关系型信任（Relational Trust）。计算型信任基于个体间的理性选择和经济交换。关系型信任则基于人际间的情感依赖和认同。Maguire 等（2001）提供了一个相对完备的人际信任分类——计算型信任、了解型信任（类似于认知型信任）和认同型信任（类似于情感型信任和关系型信任）。人际信任的开发是一个动态的过程：个体间通过社会交互建立起来的信任，初期倾向于计算型信任，随着逐步了解逐渐转向了解型信任，并随着交往的深入倾向于向认同型信任过渡。

在企业情境下，人际信任被发现可以有效促进合作，改善关系质量，促进满意度、忠诚度等一系列关系产出，对知识共享也有促进作用。

8.1.2 制度信任

McKnight 等（1998）将制度信任定义为一种信念，认为必要的非个人化结构（Impersonal Structures）可以确保个体的可信任行为。文献中一些类似的概念还包括非个人化信任（Impersonal Trust）和系统信任（System Trust）。当一个组织成员相信组织的非个人化结构支持了他（她）对其他成员可信性的预期时，制度信任就产生了。研究者指出，由非个人化结构的存在而产生的制度信任增加了个体在既定情境下的安全感。因此，制度信任依赖于个体对非个人化结构的接受和内化，以一种相对下意识的方式影响个体间的交互。它可以看作是集体层面的非个人化结构在个体信任信念中的一种反映。这使得我们可以在个体层面理解和分析制度信任。

Zucker（1986）描述了一般经济活动中贡献于制度信任的两种非个人化机制：第三方认证和托管。第三方认证指许可、法规和法律等非个人化结构，为合作方的可信性提供保证。托管指交易资金被认可的第三方代表交易双方持有，保证交易的预期结果。McKnight 等（1998）列举了组织情境下制度信任的两个来源：情境规范（Situational Normality）和结构保证（Structural Assurance）。情境规范基于这样一种信念，即由于双方互动过程中的习惯和规则都是正常的，因此对方是可信任的，成功是可期的。结构保证指由于承诺、契约、条例及担保等规章和制度的存在，为合作双方的可信性提供了保障。借鉴 Zucker（1986）和 McKnight 等（1998），Pavlou（2002）在在线市场研究背景下提出了制度信任的5个子构念：感知的监控（Perceived Monitoring）、感知的认证（Perceived Accreditation）、感知的法律契约（Perceived Legal bonds）、感知的反馈（Perceived Feedback）和感知的合作规范（Perceived Co-operative Norms）。监控指确保所有活动能够按照预定的、被广泛接受的协议和规则进行的一系列管理活动。认证指在一定范围内验证一个实体或组织执行的能力。

法律契约指监管经济活动的法定合同和契约。反馈指对他人发出信号的快速反应机制。合作规范指合作各方遵守的价值、标准和规则。

在企业内部情境下,尽管认证和法律契约并不一定完全适用,但监控、反馈和合作规范仍然是重要的非个人化结构,贡献于企业内部的制度信任。

感知的监控。监控是促成合作行为的一种重要管理活动。企业组织层面的监控对涉及组织任务的所有成员都有约束力,在一定程度上确保了协作任务按照预设流程、质量和绩效标准去完成。Huemer 等(2009)指出,在协调组织内部关系时,需要考虑预期目的(Intended Purpose)和合法性(Perceived Legitimacy)问题。有效的监控系统可以在"目的性"和"合法性"方面发挥重要作用。组织层面的监控常常被视为一个解决组织成员和部门冲突、培育合作信任的第三方机制。尽管组织都有自己的目标和任务监控机制,然而员工对于监控机制有效性的感知可能不同。有效的组织监控系统,通过明确定义的规程和对不合作行为的惩罚,可以提高员工对其他组织成员的正面预期,从而贡献于信任。因此,在组织情境下,有效的组织监控系统可以看作促进制度信任的一种结构保证。

感知的反馈。有效的反馈机制也被学者看作合作和信任的促进因素。有效的反馈可以促进信息交流和学习,它们都是信任产生的前导因素。Coletti 等(2005)指出,在控制诱导型合作(Control-induced Co-operation)中,反馈机制可以增强信任。在控制诱导型合作中,当参与者的合作行为能够通过有效的反馈机制被合作伙伴观察到时,对方对合作者可信性的信念会得到强化。例如,Song 等(1998)发现,外部主管对部门间合作行为的反馈会导致对部门间合作的积极态度。而且,对于不合作行为的反馈,配合有效的监控和惩罚机制,有助于抑制员工的机会主义行为,在一定程度上为员工间的信任建立提供了结构保证。

感知的合作规范。合作规范可以促进组织中的合作和信任。规范(Norm)代表了社会系统中一定程度的某种共识。合作规范是合作各方为了促进合作顺利开展达成的某些共识。在组织中，合作规范可以发挥类似情境规范的作用，为制度信任奠定基础。共同的、被认可的合作规范可以导出共同的价值观和行为准则，降低冲突与不信任的风险。组织合作规范通过建立成员间互相认可的行为模式和共享价值来促进成员间的信任意图。组织合作规范也使组织的监控和反馈系统与员工的内在规范更容易匹配，从而增强监控和反馈系统的有效性。

8.2 人际信任、制度信任与跨部门知识共享

由于知识的"内在黏性"（Internal Stickiness），跨越部门边界的知识共享障碍通常比单个部门内的障碍更为突出。在部门内员工长期合作过程中形成的"群体意识"使得在部门内共享知识变得容易，但也使得向部门外转移知识变得相对困难。部门之间比部门内部更容易出现沟通问题，从而形成跨部门知识共享障碍。而社会互动是改善此类问题、促进跨部门知识共享的不可或缺的途径。来自不同部门员工之间的社会互动促进了跨部门的知识流入和流出。在这一过程中，信任是影响社会互动和知识共享有效性的核心因素。因为从本质上讲，知识共享也是一种社会互动形式。因此，基于信任的社会互动质量提升有助于提高知识共享效果。此外，在动态和流动的工作环境，如跨部门协作任务中，社会互动质量对于不同部门成员间的协作和知识共享尤为重要，此时信任就显得更为关键。

对信任重要性的认识导致许多研究关注信任在促进跨部门知识共享方面的作用。社会资本理论也一直把信任作为企业社会资本的重要组成部分，强调其在跨部门知识共享中的推动作用。但是，大多数研究明示或隐含提到的信任主要是人际信任。作为一种具有社会互动过程中的个体选择，人际信任主要来源

于人际关系和社会网络。跨部门知识共享背景下的另一种重要信任形式是制度信任。与人际信任的"个人选择"特征不同,制度信任基于必要的非个人化结构(Impersonal Structures),如规范、条例、合同、担保等,以确保个体成员的可信行为。相比人际信任的个人化和非正式特点,依托非个人化结构的制度信任有一定的正式化色彩。在跨部门背景下,人际信任和制度信任共同影响跨部门知识共享。然而,现有文献较多关注人际信任的影响,对于制度信任,特别是制度信任与人际信任的联合影响尚缺乏足够的分析。对制度信任、人际信任和跨部门知识共享之间关系的研究有助于更好地理解具有正式化/非正式化特点的不同信任维度如何在跨部门知识共享过程中发挥联合作用,从而设计有效的调控策略以促进不同信任机制和知识共享模式的平衡。因此,后续部分我们将构建表达人际信任、制度信任、跨部门知识共享间关系的理论模型,通过 IT 企业调查数据对制度信任与人际信任对跨部门知识共享的影响进行实证分析,以发现不同信任维度——制度信任和人际信任,如何独自和联合作用于跨部门知识共享,为相应调控策略的提出奠定理论基础。

8.3 人际信任、制度信任对跨部门知识共享影响的实证研究

8.3.1 理论模型和假设

在理论分析基础上,提出人际信任、制度信任对跨部门知识共享影响的理论模型,如图 8-1 所示。跨部门知识共享仍被考虑为两个产出维度:满意度和成功度。满意度被选为跨部门知识共享的维度之一是因为信任可能导致心理上的舒适或安全状态,这通常会导致更积极的态度,如满意度。作为一个较为

客观的维度,选择成功度来判断跨部门知识共享的实际效果,即跨部门知识共享取得成功的程度。基于制度和人际信任被视为跨部门知识共享两个产出维度(满意度和成功度)的促成因素。概念模型描述了它们对满意度和成功度的联合效应及中介效应。此外,还描述了知识隐性的调节效应,控制变量为部门类型,提出了一套可检验的假设。前几个假设分别讨论了制度信任和人际信任对跨部门知识共享的影响。然后,几个假设讨论了这两种信任形式对跨部门知识共享的联合效应和中介效应。另外的假设则探讨了知识隐性在上述过程中的调节效应。

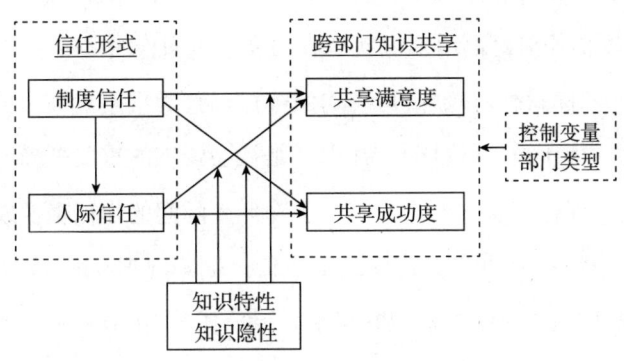

图8-1 概念模型

8.3.1.1 制度信任对跨部门知识共享的影响

制度信任来源于组织正式的社会结构,也对组织规范有促进作用。当知识共享行为被组织鼓励和作为规范确定下来以后,制度信任可以有效促进作为组织行为规范一部分的知识共享行为,从而有助于克服知识共享的公共品困境。而且,制度信任有助于让员工感受到一个安全可靠的工作环境,降低员工协作过程中的不确定性和机会主义行为,使得其他员工的行为更易预测,这些都有利于提升跨部门知识共享的满意度和成功度。此外,制度信任具有非个人化(Impersonal)特点,它的建立更多依赖于被信任对象在组织中的岗位和角色,并依托组织正式规程等制度因素来维系。Coleman（1988）认为，这种结构构成了一种有力的（尽管有时是脆弱的）社会资本。依托于制度因素，制度信任使组织中的个体愿意持续地承担风险和实施信任行为，从而有效消解员工在实施知识共享行为时所感知的风险，提高个体共享知识的意愿，提升个体知识的团队化与组织化水平。制度信任的上述特点使它对于那些需要团体协作去生成和分享的知识有很好的促进作用。跨部门协作任务对团队协作和相应的团队知识结构提出了更高要求。此时，制度信任就成为促进跨部门知识共享的坚实基础。基于此，提出如下假设：

H1a：制度信任对跨部门知识共享满意度有正向作用。

H1b：制度信任对跨部门知识共享成功度有正向作用。

8.3.1.2　人际信任对跨部门知识共享的影响

人际信任产生于员工的社会交往中，是社会资本的重要来源。它减少了监控他人的必要，促进非正式合作，有利于降低人际间的知识交换成本，增大知识交换概率，是跨部门间知识共享的重要促进因素。Abrams 等（2003）通过对 20 个组织的访谈，总结了知识共享中人际信任的 10 个来源：个体层面包括 6 个方面，分别是行事谨慎、言行一致、注重沟通、善于合作、坦率公正、公开自己的专长和局限；关系层面包括 2 个方面，分别是建立人际联系和分享利益；组织层面包括 2 个方面，分别是共同价值观以及引导人们为信任负责。Mayer 等（1995）认为，一个人的能力、善意和正直是他或她在人际交往中值得信赖的主要原因。Levin 和 Cross（2004）通过实证研究发现，能力和善意对于个体间知识共享有显著的正面影响，特别当知识隐性程度较高时，能力更为重要。Bakker（2006）通过实证研究发现，人际信任的另一个维度——正直在知识共享中的价值，当员工认为其他团队成员诚实、公平和遵守规则时，他们倾向共享更多的知识。McAllister（1995）通过实证研究发现，人际信任的两种形式——情感型信任和认知型信任促进了员工的组织公民行为，可以提高他们分享知识的意愿。Holste 和 Fields（2010）通过对 202 位管理者和专业人员的实证研究显示，情感型信任和认知型信任对员工间的隐性知识共享有显著的正面影响。Mooradian等（2006）的实证研究显示，员工间的人际信任对跨部门知识共享有显著的正面影响（β=0.33，P<0.05）。在此基础上，我们认为人际信任可以有效提升跨部门知识共享的满意度和成功率。基于此，提出如下假设：

H2a：人际信任对跨部门知识共享满意度有正向作用。

H2b：人际信任对跨部门知识共享成功度有正向作用。

8.3.1.3 人际信任和制度信任对跨部门知识共享的联合作用

作为两种典型的信任形式，制度信任和人际信任共同作用于跨部门的人员交互和知识共享。由于两种信任的来源不同（见表8-1），基于不同来源，制度信任和人际信任的结合可以从宏观组织（集体）层面和微观组织（个体）层面丰富组织信任，这将进一步提高跨部门知识共享的满意度和成功度。因此，我们认为，制度信任和人际信任的结合应该比任一种单一信任形式对满意度和成功度的影响更大。基于此，提出如下假设：

H3a：制度信任和人际信任对跨部门知识共享满意度的联合作用大于任一种单一信任形式。

H3b：制度信任和人际信任对跨部门知识共享成功度的联合作用大于任一种单一信任形式。

为了进一步揭示制度信任与人际信任对部门间知识共享的共同作用，需要厘清制度信任与人际信任的关系。不少研究强调了基于制度的信任对促进人际信任的积极作用。关于人际信任的形成和发展，许多学者支持"零基假设"，认为当个体对于一方信息毫无所知时，人际间的信任通常被认为开始于零或很低的水平。此后，人际信任会在双方的合作/不合作行为中逐渐消长。因此，人际信任通常被认为开始于盘算与对方建立维持信任关系所带来成本和收益的计算信任（Calculus-based Trust）阶段。随着不断的交互，人际信任逐渐从计算信任发展到关系型信任。制度信任使人际间的计算信任更易形成。作为人际间初始信任建立的基点,制度因素的保障使一个人可以在几乎不了解对方的情况下产生信任意图,并为人际信任向更深的充满情绪因素和感情投入的关系型信任(Relational Trust)形式发展提供广泛的制度支撑。也有学者指出人际信任也可能在许多因素的作用下处于一个较高的初始信任水平,制度因素就是这样一种典型的使能因素。制度的保障有助于减少不信任行为,从而使人际信任一开始就处于一个较好的起点。在 McKnight 和 Chervany(2001)建立的信任构造模型中,制度信任也是人际信任的重要前因变量,对人际间的信任信念、意图有明显的促进作用。Kramer(1999)指出,来源于组织宏观和公共层面的制度信任会内化于组织成员的微观和个体层面,促进人际信任和协作行为的产生。Pearce 等(2000)指出,制度信任促进了"对陌生人的信任"。没有制度信任的作用,人际信任容易陷入小团体的陷阱,导致对其他部门的员工不信任,将他们视为"局外人"。基于制度信任与人际信任的关系,我们认为制度信任能够强化人际信任,提高跨部门知识共享的满意度和成功度。由此可以得出制度信任以人际信任为中介变量作用于跨部门知识共享的推论。因此,提出如下假设:

H4a:人际信任在制度信任和跨部门知识共享满意度间发挥中介作用。

H4b:人际信任在制度信任和跨部门知识共享成功度间发挥中介作用。

8.3.1.4 知识隐性的调节作用

在这一部分,我们建议随着知识隐性的增加,两种信任形式将和跨部门知识共享的满意度与成功度有不同的关系。

一般来说,这两种信任形式都有助于跨部门的显性和隐性知识共享。然而,考虑到信任的不同来源(见表 8-1),这两种信任形式对显性和隐性知识共享的影响可能不同。Levin 等(2002)指出,不同的知识类型需要不同的信任形式。相比显性知识,隐性知识是不容易通过编码和文字表达的知识。知识的隐性被认为是员工和部门之间知识共享的自然障碍。个体之间紧密和频繁的互动被看作是克服隐性知识共享障碍的有效机制。与制度信任相比,人际信任通常来自紧密的人际互动，因此有可能更有利于隐性知识共享。许多学者也强调了人际信任在隐性知识共享中的价值。Holste 和 Fields（2010）发现，人际信任在促进隐性知识共享意愿方面发挥着重要作用。人际信任使人们相信知识提供者作为可靠的知识来源的可信度，这对隐性知识共享至关重要。因此，我们认为当跨部门知识的隐性程度较高时，人际信任应该与跨部门知识共享满意度和成功度有更紧密的联系。基于此，提出如下假设：

H5a：在跨部门知识共享中，随着知识隐性增加，人际信任和知识共享满意度的正面关系将变强。

H5b：在跨部门知识共享中，随着知识隐性增加，人际信任和知识共享成功度的正面关系将变强。

制度信任来自组织的非个人化结构。相比来自个体交互的人际信任，制度信任更多来自公共和集体层面。从本质上讲，相比于集体分享，隐性知识更适合于个体分享。Inkpen 和 Dinur（1998）指出，发自集体层面的隐性知识共享行动经常失败。与隐性知识相比，显性知识可以被编码，脱离知识源仍然可以被理解。因此，显性知识共享对个体关系的依赖性较小，更容易在公共和集体层面发起。基于制度信任的"公共和集体"特性，我们推测制度信任对隐性知识共享的影响可能小于显性知识。Ford（2004）指出，制度信任与显性知识共享有关。因此，我们认为当知识的隐性程度较高时，制度信任与跨部门知识共享满意度和成功度之间的关联应该更弱。基于此，提出如下假设：

H5c：在跨部门知识共享中，随着知识隐性增加，制度信任和知识共享满意度的正面关系将变弱。

H5d：在跨部门知识共享中，随着知识隐性增加，制度信任和知识共享成功度的正面关系将变弱。

8.3.2 样本和数据

数据同样来自中国 IT 企业的问卷调查。IT 企业经常采用跨部门协作方式运作和应对竞争。我们要求调查对象回忆一个他们正在参与或已经参与（近3个月内）的跨部门协作任务。所以问题项都依据跨部门协作任务来回答。问卷来自两个方面：一是基于滚雪球方法，选择来源于IT企业的50位非全日制MBA学生，请他们选择自己公司或来自IT企业的朋友填写问卷。二是通过对IT专业社区中IT从业者的电子问卷调查。获得有效问卷294份。

样本分布特征方面，受访者中男性165人，占56.1%；女性129人，占43.9%。20岁以下1人，占0.3%；21~30岁160人，占54.4%；31~40岁127人，占43.2%；41岁以上6人，占2.1%。教育方面，专科32人，占10.8%，本科198人，占67.3%，硕士55人，占18.7%，博士9人，占3.2%。工作年限在3年以下的45人，占15.3%；4~6年的有140人，占47.6%；7~9年的有81人，占27.6；10年以上的28人，占9.5%。属于管理/规划部门的53人，占比18.1%；研发/设计部门92人，占比31.3%；市场/销售部门60人，占比20.4%；工程/技术部门66人，占比22.4%；咨询/服务部门23人，占比7.8%。

8.3.3 变量度量

为了提高量表可靠性，尽量采用前人研究中已被证明行之有效的题项和量表。当题项必须被修改或开发时，则在有关文献基础上，反复讨论修订而成。所有题项均采用李克特7级量表，范围从1（非常不同意）到7（非常同意）。制度信任的度量改编自 Pavlou（2002）、McKnight 等（2002）、Zucker（1986）等，由4个题项组成。人际信任度量参考自 Cook 和 Wall（1980）、Mayer 等（1995）、Levin 和 Cross（2004）、Bakker（2006），由4个题项组成。知识共享满意度和成功度改编自 Willem 等（2006）、Becerra – Fernandez 和 Sabherwal（2001）、Hoopes 和 Postrel（1999）等，各由4个题项组成。知识隐性量表参考自 Levin 和 Cross（2004）、Willem 等（2006）、Tsoukas（1996）等，由4个题项组成。表8-2总结了变量度量的基本情况。

表8-2 变量度量概况

变量	测量重点	问题项	主要参考文献
制度信任	跨部门协作过程中的监控、反馈以及合作规范、合作意愿等	4	Pavlou（2002）、McKnight 等（2002）、Zucker（1986）
人际信任	参与协作的其他部门同事的能力、善意、正直等方面的可信性评价	4	Cook 和 Wall（1980）、Mayer 等（1995）、Levin 和 Cross（2004）、Bakker（2006）
知识共享满意度	对跨部门协作过程中信息交流、经验分享、合作质量、任务达标等方面的满意程度	4	Willem 等（2006）、Becerra-Fernandez 和 Sabherwal（2001）
知识共享成功度[a]	跨部门协作是否出现遭遇阻碍、出现异常、任务绩效低下、严重超期等影响知识共享成功的现象	4[a]	Willem 等（2006）、Hoopes 和 Postrel（1999）
知识隐性[a]	协作任务知识通过语言或文字的可表达程度	4	Levin 和 Cross（2004）、Willem 等（2006）、Tsoukas（1996）

注：a 表示反向计分。

8.3.4 分析和结果

8.3.4.1 信度和效度

本书尽量采用已有的成熟量表或在参考已有量表的基础上反复论证修改而成，在一定程度上可以有效保证问卷的内容效度。为了进一步检验本书构想及变量测度的信度、构面性和区别效度，对样本进行 Cronbach's α 分析和因子分析。信度分析显示，各变量 α 值均大于 0.7。效度采用因子分析进行检验（KMO 检验值为 0.933，Bartlett 球形检验的统计值显著性概率为 0.000，表示适合进行因子分析），因子分析结果显示各题项的因子负荷均大于 0.5，表明问卷各变量及其题项具有较好的区别效度。在收敛效度方面，所有项目的项目总相关系数均大于 0.5。综合上述分析表明，所有题项均达到信度和效度要求，可留作进一步的假设检验分析。

表8-3 变量度量的因子分析和可靠性测试

变量	问题项	因子载荷	项目总相关系数	Cronbach's α
制度信任	1. 公司能有效监控各部门的协作活动并帮助解决冲突	0.744	0.707	0.847
	2. 如果协作中某部门成员有不良或投机行为,有效的反馈机会将这一信息反馈给组织	0.783	0.722	
	3. 在我们公司,不同的部门都愿为合作而做出调整	0.760	0.676	
	4. 公司有一个解决部门协作争端的合作规范	0.868	0.638	
人际信任	1. 协作中,其他部门的同事能够胜任他们的工作	0.736	0.663	0.819
	2. 协作中,依靠其他部门的同事,使我们的工作变得更轻松	0.784	0.665	
	3. 协作中,如果我们在工作中遇到困难,其他部门的同事会尽力帮助我们	0.763	0.707	
	4. 协作中,其他部门的同事不会为了个人的利益欺骗我们	0.817	0.547	
知识共享满意度	1. 对协作过程中跨部门信息、经验交流情况,我们感到满意	0.839	0.749	0.872
	2. 总体上,我们对与其他部门的合作状况感到满意	0.859	0.787	
	3. 协作中,其他部门达到了我们的任务标准和要求	0.846	0.700	
	4. 协作已经为我们提供了一个与其他部门更多地分享我们经验和思想的机会	0.808	0.679	
知识共享成功度[a]	1. 协作过程中,我们的工作经常遭遇其他部门的拖延或阻碍	0.847	0.750	0.886
	2. 在和其他部门的协作过程中,异常状况或问题经常出现	0.875	0.756	
	3. 其他部门有意或无意向我们隐瞒了一些特定的信息,导致了协作任务的拖延或低绩效	0.858	0.765	
	4. 协作任务所花费的时间大大超出预期时间	0.817	0.731	

续表

变量	问题项	因子载荷	项目总相关系数	Cronbach's α
知识隐性[a]	1. 我们能明确地说出影响协作成功的关键因素	0.762	0.597	0.842
	2. 协作中,向其他部门同事解释与我们工作相关的知识并不难	0.856	0.721	
	3. 协作中,向其他部门同事介绍我们是怎么工作的并不难	0.861	0.729	
	4. 协作中,我们的工作经验很容易通过语言和文字表述出来	0.816	0.663	

注:a 表示反向计分。

8.3.4.2 假设检验

采用分层回归分析方法对假设进行检验。在进行具体的回归分析之前,计算了变量均值、方差以及变量之间的两两简单 Pearson 相关系数,如表 8-4 所示。

表 8-4 描述性统计和 Pearson 相关系数

变量	均值	标准离差	1	2	3	4	5	6	7	8
部门类型(管理/规划)										
研发/设计	0.31	0.46								
市场/销售	0.20	0.40	-0.342**							
工程/技术	0.22	0.42	-0.363**	-0.272**						
咨询/服务	0.08	0.27	-0.197**	-0.148*	-0.157**					
知识隐性	3.26	0.91	-0.059	0.026	-0.029	0.184**				
制度信任	5.20	0.92	0.151**	-0.093	0.026	-0.167**	-0.674**			
人际信任	5.23	0.91	0.103	-0.068	-0.011	-0.138*	-0.675**	0.751**		
知识共享满意度	5.38	0.88	0.139*	-0.137*	0.006	-0.142*	-0.625**	0.759**	0.701**	
知识共享成功度	4.17	1.28	0.086	-0.043	-0.051	-0.047	-0.245**	0.325**	0.329**	0.348**

注:* 表示 $p < 0.05$,** 表示 $p < 0.01$(2-tailed)。

相关分析显示,制度信任、人际信任与跨部门知识共享满意度及成功度之间有显著相关性。为了考虑不同部门的影响,我们用四个虚拟变量来表示这五类部门:管理/规划、研发、营销/销售、工程/技术支持和咨询/服务。部门类型和知识隐性等变量也表现出了与上述变量不同程度的相关性。采用分层回归分析检验假设,在测试知识隐性的调节作用时,变量经过了中心化处理,以最小化由于交互项与其组成变量之间高相关性而造成的失真。我们也检验了每个回归模型中预测变量的方差膨胀因子 VIF,所有预测变量的 VIF 值均小于 3(最大值 2.680),远低于标准值 10,表明不存在多重共线性问题。回归分析结果如表 8-5 所示。

表 8-5 分层回归分析结果

变量	共享满意度					
	M1	M2	M3	M4	M5	M6
部门类型 (管理/规划)						
研发/设计	0.035 (0.567)	-0.030 (-0.591)	0.022 (0.409)	-0.022 (-0.446)	-0.017 (-0.342)	-0.020 (-0.393)
市场/销售	-0.127* (-2.161)	-0.107* (-2.214)	-0.100 (-1.914)	-0.098* (-2.079)	-0.101* (-2.163)	-0.100* (-2.122)
工程/技术	-0.041 (-0.690)	-0.061 (-1.248)	-0.021 (-0.407)	-0.047 (-0.985)	-0.045 (-0.940)	-0.046 (-0.964)
咨询/服务	-0.047 (-0.896)	-0.033 (-0.753)	-0.035 (-0.758)	-0.030 (-0.710)	-0.021 (-0.490)	-0.023 (-0.544)
知识隐性	-0.612*** (-13.281)	-0.210*** (-4.153)	-0.278*** (-5.106)	-0.134* (-2.555)	-0.135* (-2.578)	-0.128* (-2.443)
制度信任		0.608*** (11.960)		0.475*** (8.094)	0.466*** (7.944)	0.472*** (8.052)
人际信任			0.499*** (9.204)	0.246*** (4.223)	0.242*** (4.175)	0.245*** (4.220)
制度信任× 知识隐性					0.059 (1.580)	

续表

变量	共享满意度					
	M1	M2	M3	M4	M5	M6
人际信任×知识隐性						0.045 (1.224)
R^2	0.411	0.607	0.545	0.630	0.633	0.632
Adjust R^2	0.401	0.599	0.536	0.621	0.623	0.622
F	40.240***	73.913***	57.398***	69.617***	61.546***	61.209***

变量	共享成功度						人际信任	
	M7	M8	M9	M10	M11	M12	M13	M14
部门类型(管理/规划)								
研发/设计	0.032 (0.411)	0.001 (0.016)	0.025 (0.322)	0.008 (0.099)	-0.007 (-0.088)	-0.001 (-0.010)	0.026 (0.434)	-0.033 (-0.647)
市场/销售	-0.044 (-0.595)	-0.034 (-0.475)	-0.028 (-0.384)	-0.027 (-0.376)	-0.017 (-0.235)	-0.021 (-0.292)	-0.056 (-0.990)	-0.038 (-0.788)
工程/技术	-0.061 (-0.808)	-0.070 (-0.953)	-0.049 (-0.669)	-0.059 (-0.805)	-0.065 (-0.899)	-0.062 (-0.857)	-0.040 (-0.695)	-0.057 (-1.189)
咨询/服务	-0.012 (-0.176)	-0.005 (-0.072)	-0.005 (-0.071)	-0.003 (-0.039)	-0.028 (-0.429)	-0.024 (-0.374)	-0.024 (-0.480)	-0.011 (-0.259)
知识隐性	-0.242*** (-4.172)	-0.052 (-0.682)	-0.047 (-0.616)	0.008 (0.105)	0.011 (0.137)	-0.009 (-0.112)	-0.669*** (-15.187)	-0.310*** (-6.222)
制度信任		0.287*** (3.759)		0.182* (2.016)	0.204* (2.286)	0.190* (2.126)		0.543*** (10.829)
人际信任			0.292*** (3.850)	0.195* (2.175)	0.204* (2.303)	0.196* (2.209)		
制度信任×知识隐性					-0.162** (-2.863)			
人际信任×知识隐性						-0.144* (-2.546)		
R^2	0.068	0.111	0.113	0.126	0.150	0.145	0.462	0.618
Adjust R^2	0.051	0.093	0.095	0.104	0.126	0.121	0.453	0.610
F	4.181**	5.998***	6.121***	5.884***	6.302***	6.057***	49.456***	77.394***

注 * 表示 $p<0.05$，** 表示 $p<0.01$，*** 表示 $p<0.001$；t-statistics in parentheses。

(1) 制度信任对跨部门知识共享的影响。回归分析显示在控制了部门类型等控制变量影响后,制度信任对跨部门知识共享满意度(模型 M2)和成功度(模型 M8)有显著的正向作用。模型 M2 显示,制度信任对跨部门知识共享满意度的回归系数为 0.608 ($p<0.001$),所有变量能够解释跨部门知识共享满意度 59.9% 的变异,说明制度信任是跨部门知识共享满意度的显著预测变量,假设 H1a 通过验证。

模型 M8 显示,在控制了部门类型等控制变量影响后,制度信任对跨部门知识共享成功度的回归系数为 0.287 ($p<0.001$),所有变量能够解释跨部门知识共享成功度 9.3% 的变异,说明制度信任是跨部门知识共享成功度的显著预测变量,假设 H1b 通过验证。

(2) 人际信任对跨部门知识共享的影响。模型显示在控制了部门类型等控制变量影响后,人际信任对跨部门知识共享满意度(模型 M3)和成功度(模型 M9)有显著的正向作用。模型 M3 显示,人际信任对跨部门知识共享满意度的回归系数为 0.499 ($p<0.001$),所有变量能够解释跨部门知识共享满意度 53.6% 的变异,说明人际信任是跨部门知识共享满意度的显著预测变量,假设 H2a 通过验证。

模型 M9 显示,人际信任对跨部门知识共享成功度的回归系数为 0.292 ($p<0.001$),所有变量能够解释跨部门知识共享成功度 9.5% 的变异,说明人际信任是跨部门知识共享成功度的显著预测变量,假设 H2b 通过验证。

(3) 制度信任和人际信任对跨部门知识共享的联合作用。为了检验制度信任和人际信任对跨部门知识共享满意度的联合作用是否大于任一单一信任形式,对比模型 M4(包括制度信任和人际信任)与模型 M2(仅制度信任)、模型 M3(仅人际信任)的 R^2 变化。在模型 M2 中,制度信任和其他控制变量对知识共享满意度进行回归,得到 F 值为 73.913($p<0.001$),Adjust R^2 为 0.599。在模型 M3 中,人际信任和其他控制变量对知识共享满意度进行回归,F 值为 57.398($p<0.001$),Adjust R^2 为 0.536。与模型 M2 相比,模型 M4 增

第8章 企业内正式与非正式知识共享的信任维度

加了人际信任,产生了 0.023 的 R^2 改变和 17.833 的 F 改变（p<0.001）。与模型 M3 相比,模型 M4 增加了制度信任,产生了 0.085 的 R^2 改变和 65.518 的 F 改变（p<0.001）。上述结果表明,这两种信任形式的结合解释跨部门知识共享满意度变异的能力显著提高,因此假设 H3a 通过验证。

为了检验制度信任和人际信任对跨部门知识共享成功度的联合作用大于任一单一信任形式,对比模型 M10（包括制度信任和人际信任）与模型 M8（仅制度信任）、模型 M9（仅人际信任）的 R^2 变化。在模型 M8 中,制度信任和其他控制变量对知识共享成功度进行回归,得到 F 值为 5.998（p<0.001）, Adjust R^2 为 0.093。在模型 M9 中,人际信任和其他控制变量对知识共享成功度进行回归,F 值为 6.121（p<0.001）, Adjust R^2 为 0.095。与模型 M8 相比,模型 M10 增加了人际信任,产生了 0.015 的 R^2 变化和 4.730 的 F 改变（p<0.05）。与模型 M9 相比,模型 M10 增加了制度信托,产生了 0.013 的 R^2 改变和 4.066 的 F 改变（p<0.05）。上述结果表明,这两种信任形式的结合解释跨部门知识共享成功度变异的能力显著提高,因此假设 H3b 通过验证。

(4) 人际信任的中介作用。为了检验假设 H4a,即人际信任在制度信任和跨部门知识共享满意度间的中介作用,参照 Baron 和 Kenny（1986）提出的中介效应检验方法,通过三个步骤进行检验：第一步,自变量制度信任对中介变量人际信任进行回归,如模型 M14 所示；第二步,自变量制度信任对结果变量跨部门知识共享满意度进行回归（如模型 M2 所示）；第三步,自变量制度信任和中介变量人际信任同时对结果变量跨部门知识共享满意度进行回归（如模型 M4 所示）。模型 M14、模型 M2 和模型 M4 的结果表明,人际信任是制度信任和知识共享满意度之间的部分中介。制度信任在模型 M14 和模型 M2 中具有显著性。人际信任在模型 M4 中显著。此外,制度信任的 β 值在模型 M4（β=0.475, p<0.001）低于模型 M2（β=0.608, p<0.001）,满足部分中介条件。中介效应解释了跨部门知识共享满意度 14.8% 的差异。因此,假设 H4a 得到支持。

为了检验假设 H4b，即人际信任在制度信任和跨部门知识共享成功度间的中介作用，同样参照 Baron 和 Kenny（1986）提出的中介效应检验方法。如表 8-5 所示，模型 M14、模型 M8 和模型 M10 的结果表明，人际信任是制度信任和跨部门知识共享成功度之间的部分中介。制度信任在模型 M14 和模型 M8 中具有显著性，人际信任在模型 M10 中显著。此外，模型 M10 的 β 值（β = 0.182，$p<0.05$）低于模型 M8（β = 0.287，$p<0.001$），满足部分中介条件。中介效应解释了跨部门知识共享成功度 10.5% 的差异。因此，假设 H4b 得到支持。

（5）知识隐性的调节作用。通过分层回归检验假设 H5a，即知识隐性对人际信任与跨部门知识共享满意度之间关系的调节作用。从表 8-5 的模型 M6 来看，人际信任×知识隐性的交互作用并不显著（$p=0.222$），说明知识隐性并不调节人际信任与跨部门知识共享满意度之间的关系。因此，假设 H5a 不成立。

检验假设 H5b，即知识隐性对人际信任与跨部门知识共享成功度之间关系的调节作用。模型 M12 表明知识隐性确实在人际信任与跨部门知识共享成功度之间发挥了一定的调节作用（β = -0.144，$p<0.05$）。然而，从 β 的符号和调节作用方向上看，这一结果与我们的假设方向并不一致。为了进一步检验这一调节作用的具体作用方式，根据 Aiken 和 West（1991）的建议，我们使用简单斜率分析（Simple Slope Test）来检验这种调节作用的具体性质：控制方程 M12 中的其他所有内容，将知识隐性的高值（高于均值一个标准差）、均值和低值（低于均值一个标准差）分别插入到该方程中。简单斜率分析结果显示，人际信任的斜率（即非标准回归系数）从低知识隐性（$slope=0.404$，$p<0.01$）下降到平均知识隐性（$slope=0.277$，$p<0.05$）再到高知识隐性（$slope=0.149$，$p=0.268$）。这表明，随着知识隐性的增加，人际信任与跨部门知识共享成功度之间的正相关关系减弱，这与我们的假设相反。因此，假设 H5b 不成立。

检验假设 H5c，即知识隐性对制度信任与跨部门知识共享满意度之间关系的调节作用。模型 M5 表明，制度信任×知识隐性的交互作用不显著（p =

第8章 企业内正式与非正式知识共享的信任维度

0.115），说明知识隐性并不调节制度信任与跨部门知识共享满意度之间的关系。因此，假设 H5c 不成立。

检验假设 H5d，即知识隐性对制度信任与跨部门知识共享成功度之间关系的调节作用。模型 M11 表明，知识隐性调节了制度信任与跨部门知识共享成功度之间的关系（$\beta = 0.162$，$p < 0.01$）。对方程 M11 进行简单斜率分析，结果表明，从低知识隐性（slope = 0.428，$p < 0.01$）到平均知识隐性（slope = 0.285，$p < 0.05$）再到高知识隐性（slope = 0.142，$p = 0.276$），制度信任的斜率是递减的。这表明，随着知识隐性的增加，制度信任与跨部门知识共享成功度之间的正向关系逐渐减弱。因此，假设 H5d 成立。

假设检验结果汇总如表 8-6 所示。

表 8-6 假设检验结果

假设	验证结果
H1a：制度信任对跨部门知识共享满意度有正向作用	支持
H1b：制度信任对跨部门知识共享成功度有正向作用	支持
H2a：人际信任对跨部门知识共享满意度有正向作用	支持
H2b：人际信任对跨部门知识共享成功度有正向作用	支持
H3a：制度信任和人际信任对跨部门知识共享满意度的联合作用大于任一种单一信任形式	支持
H3b：制度信任和人际信任对跨部门知识共享成功度的联合作用大于任一种单一信任形式	支持
H4a：人际信任在制度信任和跨部门知识共享满意度间发挥中介作用	支持
H4b：人际信任在制度信任和跨部门知识共享成功度间发挥中介作用	支持
H5a：在跨部门知识共享中，随着知识隐性增加，人际信任和知识共享满意度的正面关系将变强	不支持
H5b：在跨部门知识共享中，随着知识隐性增加，人际信任和知识共享成功度的正面关系将变强	相反
H5c：在跨部门知识共享中，随着知识隐性增加，制度信任和知识共享满意度的正面关系将变弱	不支持
H5d：在跨部门知识共享中，随着知识隐性增加，制度信任和知识共享成功度的正面关系将变弱	支持

8.3.5 研究发现

在跨部门知识共享背景下，我们将企业内具有非正式特征的人际信任和具有正式特征的制度信任两种信任形式整合起来，通过实证研究分析了它们对跨部门知识共享满意度和成功度的影响。我们还展示了两种信任形式如何与典型的知识特征——知识隐性相互作用，影响具有不同程度知识隐性的跨部门知识共享结果。基于上述分析，有如下三点主要发现：

（1）制度信任与人际信任都是跨部门知识共享满意度以及成功度的显著预测变量。这一发现与 McKnight 等（1998）关于制度信任的论点基本一致，也符合 Willem 和 Buelens（2007）对于人际信任在跨部门知识共享中作用的实证检验。在此基础上，本书进一步体现了制度信任和人际信任对跨部门知识共享满意度及成功度的联合作用大于任一种单一信任形式。这一发现表明，两种不同性质的信任形式在组织信任中扮演了很好的互补角色，共同促进了跨部门协作成员之间的知识共享。因此，某种程度上，这两种信任形式在促进企业内跨部门知识共享方面都是必不可少的。

（2）人际信任在制度信任与跨部门知识共享满意度及成功度间发挥部分中介作用。这一发现意味着，制度信任对跨部门知识共享的两种作用方式：一是通过促进人际信任间接地对跨部门知识共享满意度及成功度产生影响；二是直接促进跨部门知识共享满意度和成功度。而人际信任对跨部门知识共享满意度及成功度的促进则是直接的。这一发现强调了制度信任的重要性。尽管学者们认为制度（非个人）因素对获取知识很重要，但已有研究较少关注制度信任在跨部门知识共享中的作用。上述发现对于制度信任如何直接和间接地促进跨部门知识共享提供了更好的理解，也证实了人际信任是制度信任和跨部门知识共享之间的一个关键中介。

（3）揭示了知识隐性在制度信任与跨部门知识共享成功度之间的调节作用。随着知识隐性的增加，制度信任与跨部门知识共享成功度之间的正向关系减弱。这一发现与 Ford（2004）的论点基本一致。出乎意料的是，与我们的预期相反，知识隐性在人际信任和跨部门知识共享成功度之间的关系方面也发挥了类似的调节作用。随着知识隐性的增加，人际信任与跨部门知识共享成功度之间的正向关系也减弱。这一发现表明，知识隐性会削弱制度信任和人际信任对跨部门知识共享成功度的积极影响。同时表明，这两种信任形式可能不足以应对高知识隐性对跨部门知识共享成功度的潜在不利影响。除了信任之外，成功的隐性知识共享还应考虑强有力的协调和密集的互动。

8.4 平衡策略

8.4.1 完善企业制度

从上述论述和实证分析可见，企业内员工间的信任来自多个层面，管理者应注意企业内信任的来源：与有效的人际互动相比，制度（非个人化结构）因素在企业中可能更为重要。它们是企业内制度信任的来源，而制度信任则会进一步促进人际信任，进而贡献于信任的结果，如企业内部的知识共享。由于制度信任主要来自制度（非个人化结构）层面的结构保证和情境规范，因此，为了促进制度信任，管理者应该着眼于完善企业制度，为企业内制度信任的产生奠定基础。并且，与具有自我组织和涌现特征的人际互动相比，管理者更有可能对组织的非个人化结构或制度因素进行设计及调控，而对人际互动过多的干预则可能带来适得其反的结果。因此，为了促进企业内的制度信任和人际信任，建议管理者应将调控的重点放在完善企业制度上。

另外，从契约理论和代理理论的角度看，企业可以被看作是需要监督的、从自身利益出发的个体间的"契约集合"。企业中员工之间、部门之间、上下级之间及所有者与经营者之间的关系都可以被视为契约关系。企业运营过程可看作企业成员通过企业这一契约平台为获取经济利益而履行契约的过程。企业这样的契约性质使信任，特别是制度信任，对于企业的有效运营十分重要。因为，企业契约及委托代理关系存在相应的代理成本和监督成本，当企业规模增大时，代理成本和协调成本随之上升，而信任可以有效降低企业的代理成本和监督成本，减少企业员工的机会主义行为。因此，为了提升企业中的信任，特别是制度信任水平，企业应强化其内部治理结构，使制度成为信任的载体，为企业内员工、部门之间、上下级之间的信任提供结构保证和情境规范。

除了做好企业的契约设计和委托代理机制设计以外，企业内部的监控、反馈和合作规范仍然是制度信任的重要来源，特别是在企业内部和跨部门协作的情境下，有效地监控、反馈和合作规范有利于协作成员快速地建立起来初始信任，并支撑人际信任的发展。需要注意的是，由于企业内外部情境的不断变化和员工等行为主体的复杂性，有效的企业制度过了一段时间可能会面临失效的风险，因此，为了促进制度信任，企业制度完善是一个不断迭代的过程。有了制度信任，人际信任也就有了制度基础，从而充分发挥两种信任形式整合的价值，达到促进企业内部知识共享的目的。

8.4.2 提升组织支持

提升组织对员工的支持度也是提升企业制度信任与人际信任，进而促进知识共享的关键途径。从社会交换理论视角看，别人给了你好处你要回报，个体的社会互动行为是为了追求自身利益满足而发生的社会交换。将这种个体层面的社会交换延伸到组织领域，Eisenberger（1986）指出，员工会通过将组织拟人化的方式，看待自己与组织的互动关系，如同人与人之间的交往互动一样。因此，组织对员工的支持会带来员工的交换和回报行为，使员工对企业的制度和决策产生信赖，倾向于相信企业会以合乎道德的方式行事，强化企业中的制度信任和人际信任。

Eisenberger (1986) 等将组织支持定义为"员工认为他们的贡献受到组织重视的程度以及公司关心他们福利的程度"。组织支持隐含着社会交换理论的一个重要因素——互惠规范：员工为企业努力工作和奉献，企业则重视员工的贡献和福利，满足其经济利益和社会情感需求。在这一过程中，双方会形成信任感，并发展成长期的互惠义务（Reciprocal Obligations）。Eisenberger (1990) 明确指出"感知到组织支持将会产生信任"。Dirks 和 Ferrin（2002）通过元分析发现，组织支持与员工对领导的信任（r = 0.56）和组织的信任（r = 0.75）高度相关。由于组织支持很大程度上是通过企业制度、领导和同事的支持体现出来的，因此组织支持有助于促进企业中的制度信任和人际信任的形成。另外，从社会交换理论知名学者 Blau（1964）的结构主义交换论看，个体交换会形成相应的社会结构，社会结构和相应的社会规范反过来也会制约个体的社会交换过程，因此人们的社会交换并非纯粹基于利害得失进行理性权衡，而是受社会结构和社会规范制约。组织支持有助于从互惠规范的角度促进企业制度和领导权威的合法化，获得员工的集体认同和支持。这种合法企业制度和领导权威一旦确立，就会改变企业成员的互动模式和信任水平，减少分歧和争执，促使制度信任和人际信任达成平衡，从而促进企业成员之间的知识共享。

8.4.3 强化组织公平

组织公平也被研究者发现是影响企业中信任水平的关键情境因素之一。公平一直是人们追求的重要价值目标。美国心理学家 Adams（1965）提出公平理论，指出"人们工作的积极性不仅与个人实际报酬多少有关，而且与人们对报酬的分配是否感到公平更为密切。人们会自觉或不自觉地将自己付出的劳动代价及其所得到的报酬与他人进行比较，并对公平与否做出判断"。"公平"也是除了"互惠"以外，影响社会交换的另一个关键的社会规范。如果人们在社会交换中感觉到不公平，就会滋生不满和落差，很难产生信任，无论是制度信任还是人际信任。

组织公平主要包括三个方面,即程序公平(Procedural Justice)、互动公平(Interactional Justice)和分配公平(Distributive Justice)。程序公平指产生结果和做出分配的过程及程序是公平的。互动公平指员工在组织中受到人际对待所感知的公平性。互动公平又可分为人际公平(Interpersonal Justice)以及信息公平(Lnformational Justice)。分配公平指在组织报酬分配时员工所感受到的公平。组织公正有助于企业中信任的产生。Deconinck(2010)通过对美国企业销售经理的调查研究发现,程序公平、互动公平和分配公平都会显著促进员工对企业主管和管理者的信任。组织公平有利于在企业中形成公平的社会规范。和互惠规范一样,公平规范同样有利于企业制度和领导权威的合法性确立,改善员工互动水平,从而促使制度信任和人际信任达成平衡。而决策程序不公正、管理者对员工缺乏尊重、信息不对称、分配不公等组织不公平现象则会严重损害企业制度和领导权威的合法性,破坏制度信任和人际信任的基础,也阻碍了知识共享。

8.4.4 加强沟通协调

除了企业制度、组织支持和组织公平的改善,加强沟通协调的强度和效果也十分重要的。沟通协调能力也是管理者促进企业成员协作、提升任务绩效的重要能力之一。研究显示,沟通协调的主动性、频繁性、及时性都有利于向企业成员提供及时的、经常性的积极反馈,从而促进协作员工快速地建立信任,表明沟通协调有利于制度信任向人际信任的转化。有力的沟通协调也是人际信任从计算型信任向了解型信任和认同型信任深入发展的重要动力。沟通协调也有助于促进协作成员共享价值观的形成。共享价值观可以显著提升协作成员的认同感和可信任感,从而促进信任的产生。在这一过程中,制度信任和人际信任都可能得以强化,进而促进企业内部知识共享。

另外,本章前面的实证研究也显示,当协作任务所需知识的隐性程度较高时,制度信任和人际信任的作用都是有限的:知识隐性程度越高,制度信任和人际信任对跨部门知识共享成功度的正向作用越弱。这表明，当进行知识隐性程度和复杂度较高的协作任务时，任务成功所需的条件更为苛刻。此时，除了信任水平，强力有效的沟通协调行动也是必不可少的，是提升协作成员知识共享水平和任务成功度的重要保障。

8.5 本章小结

具有正式特征的制度信任和非正式特征的人际信任是协调企业成员交互的两种基本信任形式。基于信任对于知识共享的重要意义，本章讨论了这两种信任形式对企业内跨部门知识共享的影响，以从信任维度探讨正式与非正式知识共享的平衡机理及策略。在理论分析基础上，本章构建了制度信任、人际信任与跨部门知识共享间关系的概念模型。基于 294 份来自 IT 企业的调查问卷，对上述理论模型进行了实证检验，研究发现：①制度信任与人际信任都是跨部门知识共享满意度以及成功度的显著预测变量；②人际信任在制度信任与跨部门知识共享满意度及成功度间发挥部分中介作用；③揭示了知识隐性在制度信任与跨部门知识共享成功度之间的调节作用，即随着知识隐性的增加，制度信任与跨部门知识共享成功度之间的正向关系减弱。在明确上述机理基础上，从完善企业制度、提升组织支持、强化组织公平、加强沟通协调等情境因素调控的角度，讨论了制度信任和人际信任的平衡策略，借此促进企业内知识共享的平衡。

第 9 章 企业内正式与非正式知识共享平衡的进一步思考

9.1 复杂适应系统理论之外的思考

在文献综述基础上，在第 3 章，我们基于复杂适应系统理论视角，提出了一种基于复杂适应系统的正式/非正式知识共享平衡思路：即围绕知识共享主体（员工、部门等）和客体（显性知识和隐性知识），以影响企业内知识共享的关键情境因素为调控对象，在揭示相关因素正式维度和非正式维度互动规律基础上，通过有效的管理设计促进正式维度和非正式维度的整合，以此缩小正式、非正式知识共享的情境距离，使知识主体、客体和情境更好地交互，促使企业知识共享系统向混沌边缘演进，形成复杂性优势，一定程度上达到理想的系统运行自组织状态，从而实现正式与非正式知识共享的平衡。在后续章节中，我们按照这一思路，分别从知识特性（第 4 章）、组织结构（第 5 章）、员工关系（第 6 章）、协调机制（第 7 章）和信任机制（第 8 章）等角度入手，对相关因素的正式维度和非正式维度进行细分，对不同维度的互动规律进行探索，如显性知识和隐性知识、组织结构中的正式结构与非正式网络、组织协调机制中具有正式特点的规范化管理系统和非正式特点的共享价值观、员工

第9章 企业内正式与非正式知识共享平衡的进一步思考

关系中正式的工作关系和非正式的私人关系、信任机制中具有正式特点的制度信任和非正式特点的人际信任等,在明确相应维度互动机理基础上,从情境距离调控的角度提出了相应的平衡策略。

在上述研究基础上,本章进一步将思路从复杂适应系统理论这个考察点延伸到复杂适应系统理论之外,从更广泛的国内外管理理论丛林中进行理论借鉴,如系统组织理论、适配理论、动态能力理论、阴阳平衡理论与和谐管理理论等。分析可见,上述理论和本书基于复杂适应系统理论的问题求解思路有不少共通之处,也有不少新的启示,可供本书进一步思考借鉴。

9.2 系统组织理论的启示

系统组织理论的奠基人是美国著名管理学家切斯特·巴纳德(Chester Irving Barnard)。巴纳德开创性地提出了正式组织和非正式组织概念,以及将组织看作一个社会协作系统的观点,都为本书的研究提供了基础理论支撑。本书前述研究中对正式与非正式知识共享的讨论,以及相关因素正式和非正式维度关系的探索,如组织结构中正式结构与非正式网络的互动关系、组织协调机制中具有正式特点的规范化管理系统和非正式特点的共享价值观、员工关系中正式的工作关系和非正式的私人关系、信任机制中具有正式特点的制度信任和非正式特点的人际信任等,在一定程度上受益于系统组织理论的启示。如本书第5章对企业正式结构、非正式网络以及二者交互"涌现网络"的讨论,就与系统组织理论中"复合性正式组织"的概念异曲同工。巴纳德提出的"复合性正式组织"概念,是正式组织概念的延伸,含有非正式组织,并兼具系统性、非人格化和专业化特征。通过正式结构与非正式网络的整合,有助于构建一种更均衡的组织结构。

· 153 ·

系统组织理论对于组织是动态发展的观念，也与本书的理论出发点吻合。系统组织理论指出，当组织系统中的一个部分（个体、协作体系、正式组织或非正式组织等）与其他部分的关系发生变化时，作为整体的组织也要发生变化。因此，组织中的平衡应该是一种动态平衡。在追求这种动态平衡时，需要有系统和权变的理念，通过组织情境的优化和个人动机的诱导来创造有利于组织运作的有利条件。如本书第 6~8 章对企业中员工关系、协调机制和信任维度的讨论，也都不同程度涉及组织情境优化和个人动机诱导等方面。

另外，系统组织理论的权威接受论也彰显了第 8 章所讨论制度信任和人际信任平衡的重要性。系统组织理论认为管理者的权威并不来自上级的授予，而来自由下而上的认可。只有下级认可的权威才具有合法性，由此突出了企业中制度信任和人际信任的重要性。

综上所述，系统组织理论为我们采用系统视角看待组织提供了有益的启示，特别是其中对于正式组织和非正式组织讨论的部分，已经成为本书重要的理论基石。系统组织理论的其他观点，也给了本书诸多借鉴。

9.3 适配（fit）理论的启示

适配（fit）的概念以及适配理论来源于种群生态模型（Population Ecology Model）和权变理论（Contingency Theory），是组织管理领域的重要议题。其主要的理论主张认为，良好的组织绩效来自组织系统有关要素的良好配适，这些要素可包括组织的环境、战略、结构、管理系统和组织文化等。Venkatraman (1989) 系统地研究了适配（fit）的概念，并从不同的适配角度提出了六种适配类型，分别为：调节适配（Fit as Moderation）、中介适配（Fit as Mediation)、配合模型（Fit as Matching）、格式塔适配（Fit as Gestalts）、构型离差适配（Fit as Profile Deviation）和协变适配（Fit as Covariation）。六种不同适配类型的基本含义、变量数量和分析方法如表9-1所示。

表9-1 不同适配类型的界定和分析

	调节适配	中介适配	配合模型	格式塔适配	构型离差适配	协变适配
基本概念	交互效应	中介效应	配合	内部一致性	符合特定的形态	内部一致性
变量数量	两个	两个至多个	两个	多个	多个	四个至多个
分析方法	方差分析 调节回归 亚组分析	路径分析	方差分析 离差分析 残差分析	聚类分析 因子分析	欧几里得离差距离法	二阶因子分析（验证性因子分析）
适配的度量	统计推导	统计推导	间隔水平测度（Interval-level measure）	次序/间隔度量（Ordinal/interval measure）	间隔度量（Interval measure）	间隔度量（Interval measure）

调节适配（Fit as Moderation）着重分析两个预测变量之间的交互效应，即某一预测变量对结果变量的影响是否受到另一个预测变量的影响，若存在显著影响则存在调节效应。方差分析、调节回归和亚组分析都有助于发现变量之间的调节适配关系。

中介适配（Fit as Mediation）重在分析某一变量在某一既定关系中是否具有中介效应，常用的分析方法为路径分析。

配合模型（Fit as Matching）强调两个相关变量的配合程度，亦可分析两个变量间配合程度对其他效标变量的影响，如绩效等。分析方法可用方差分析、离差分析和残差分析等。

格式塔适配（Fit as Gestalts）从相互依存的整体性和系统观点看待相关组织要素，探索多个变量间的不同关联形态，即格式塔。格式塔是心理学术语。心理学家考夫卡指出：假使有一种经验的现象，它的每一成分都牵连到其他成分；而且每一成分之所以有其特性，即因为它和其他部分具有关系，这种现象便称为格式塔。格式塔适配分析重在发现多个变量所构型的不同形态的绩效影响,这种形态和影响具有其本身完整的特性,不能割裂地加以分析。Miller 和 Friesen(1977)指出,格式塔似乎代表了一组处于暂时平衡状态的关系。常用的分析分法为聚类分析与因子分析。

构型离差适配(Fit as Profile Deviation)认为,假定存在一种多个变量构型的理想组合,将其视为理想构型(ideal profile),越是接近这一理想构型,则绩效越佳,反之越是偏离这一理想构型,则绩效越差。为了分析这种偏离效果,常采用欧几里得离差距离法,以欧几里得距离测算样本与理想构型的距离。

协变适配(Fit as Covariation)旨在探索一组相关变量所呈现的内部一致性(Internal Consistency),此内部一致性可能会对绩效结果产生影响。常用的分析方法为二阶因子分析,以验证性因子分析为佳。

适配理论强调各种管理要素之间的相互配适。从平衡的角度看,对各管理要素间适配的分析也是旨在发现差距、消除不平衡状态,追求系统的平衡。另外,适配理论探索两个或多个变量间的关联形态,亦采纳了权变的观点,充分考虑了情境因素的影响。因此适配理论注重整体性和权变特点的理论视角与本书问题解决思路亦有共通之处。本书在第6~8章中也采用了调节效应或中介效应的分析方法,符合调节适配和中介适配的分析思路。后续可借鉴其他适配类型思想,对企业内正式与非正式知识共享的平衡进行进一步研究。

9.4 动态能力理论借鉴

动态能力理论强调动态能力(Dynamic Capabilities)对企业竞争优势的重要作用,其理论脉络较早可追溯至20世纪90年代。Teece 等(1997)将"动态能力"定义为:"企业为应对快速变化的环境而整合、建立和重构内外部能力的能力"。动态能力反映了一个企业在给定路径依赖和市场位置情况下,获取新的和创新性竞争优势的能力,它与企业的技术资产、互补性资产、金融资产、声誉资产、结构资产、制度资产和市场资产等企业资源有关,也与企业的学习和内外部过程密切相关。Eisenhardt 和 Martin(2000)在拓展资源基础理论(Resource – Based View,RBV)以及 Teece 等(1997)工作基础上,将"动态能力"定义为:"企业使用资源的过程,特别是整合、重构、获取和释放资源以匹配甚至创造市场变化的过程。因此,动态能力是企业在市场出现、碰撞、分裂、发展和消亡时实现新资源配置的组织和战略惯例"。因此,Eisenhardt 和 Martin(2000)认为,动态能力并不是模糊难明的,而是一组特定且可识别的过程,来自企业特定的过程或惯例,与企业"最佳实践"相关。此外,他们依据对企业的观察提出动态能力的有效模式随市场动态性不同而变化,而学习机制则引导了动态能力的演化。Winter(2003)将普通能力定义为允许企业在短期内"谋生"的能力,而将动态能力定义为扩展、修改或创造普通能力的高阶能力。动态能力隐含了组织改变的能力。Zott(2003)强调企业的学习效应对动态能力的重要影响。他们通过模拟发现即使企业间的初始差异很小,但随着时间、成本和学习影响的结合,企业间的绩效也会产生显著差异,体现了时间、成本和资源配置学习效应对动态能力演变的影响。Nielsen(2006)从知识管理的角度,强调知识的创造、获取、捕获、组装、共享、集成、利用和开发等知识管理活动对企业动态能力的重要支撑作用。相关的知识管理活动激发了企业知识存量的流动,支持动态能力的创造和使用。MacLean 等(2015)肯定了动态能力研究旨在解释企业如何设法改变以维持其竞争优势这一理论出发点,但认为建立在理性或规范行为概念基础上的动态能力理论不能有效解释动态能力概念的核心——改变与创新,因此他们将创造性行动(Creative Action)概念纳入动态能力理论体系,认为,企业在遇到问题时,会通过涌现的意图、具体的表达和社会交互去解决问题,在这一过程中动态能力可看作企业有目的地解决某项困难的即兴能力。Pavlou 和 Sawy（2011）认为，企业的动态能力具体包括感知能力、学习能力、整合能力和协调能力四种能力。感知能力是在环境中发现、解释和追求机会的能力。学习能力是用新知识改造现有业务能力的能力。整合能力是通过建立一种共同和集体的理解，将新知识嵌入新的运作能力中的能力。协调能力是在新的运作能力中协调和部署任务、资源和活动的能力。这四种能力帮助管理者扩展、修改和重构现有的运作能力以更好地匹配环境。Nayak 等（2019）指出，已有文献试图用认知主义术语解释企业动态能力并不能完全揭示其特质，认为一个公司的动态能力取决于默契共享的敏感度和先于认知表征的倾向。这种敏感性和倾向性提供了企业动态能力的微观基础，使企业能够通过企业历史以特有的方式引导其成员应对外部环境挑战，做出有效反应。他们用"非认知"一词描述这种不受有意识思维激发或涉及信息处理与抽象分析的行为。这种"非认知"因素包括三个要素：可供性、经验敏感性和惯习。可供性（Affordances）是一个环境为沉浸其中的积极参与者提供的可能性环境。经验敏感性（Empirical Sensitivity）指一个群体独特的精细化能力，可以对环境要求进行精细区分，以确定它为该群体成员提供了什么。这种感知差异和进行细微区分的能力是先于认知的。惯习（Habitus）描述了一种持久的、可转移的一组性情倾向。惯习不是以有意识的认知和故意为前提，它解释了集体生产活动的非故意协调和编排，不需要显式的结构、系统、规则和过程，在集体行动中提供了一致性。这种非认知能力为企业成员重构能力与资源以利用由此产生的机会提供了一种有效的组织方式。

从上述分析可见，动态能力理论强调组织惯例、学习效应、知识管理以及非认知能力等要素对企业动态能力和竞争优势获取的重要作用。这些理论要素同样对本书的研究思路拓展有很好的借鉴作用。

根据 Winter（2003），惯例是习得的、高度模式化的、重复的或半重复的，部分发现于隐性知识和目标的特殊性中。而组织能力可视作一种高阶的惯例或惯例集合，它接收输入，赋予组织管理一系列决策选项，并产生特定的输出。

从组织惯例这一视角出发，企业内部的正式与非正式共享活动也可以看作一种组织惯例（或惯例集合）。这启发我们可以从惯例的特性来考察企业内部的正式与非正式共享活动。

（1）惯例具有情境依赖性，依存于具体的企业内部情境，与企业的组织结构、社会互动和文化特征都密切相关。因此，一组惯例（或惯例集合）并不是普适的，而是有其特定的情境适应性。从这一观点看，不同企业的正式与非正式共享惯例有其自身特点，一个企业正式与非正式知识共享活动的平衡不应脱离该企业既有的组织情境。这一认识与本书从情境调控入手的问题解决思路是一致的。

（2）组织惯例具有一定的稳定性，是企业基于其历史经验以特有的方式应对内外部环境挑战的产物。因此，惯例不是一蹴而就，而是在企业的问题解决过程中逐渐形成的。有研究者将其比作企业的遗传基因，是可以重复运用和执行的规则，具有稳定性特点。因此，企业正式与非正式知识共享惯例亦在一定的时间范围内有其稳定性，是企业成员可以反复运用的规则和行为。这提示我们，企业内正式与非正式知识共享平衡的调控也不是一蹴而就的，而平衡的状态一旦达成，在既定组织情境不变的情况下，这种平衡也相应地具备了一定的稳定性，一直到随着情境的改变，相应的平衡条件被打破为止。

（3）惯例具有变革性。首先，企业内外部环境的变化会促使企业做出改变，原有的组织惯例可能会被调整或打破，促进组织惯例的变革。其次，有研究认为惯例尽管有其稳定性，但惯例的执行却有即兴的特点，即兴的惯例执行会促进惯例的变革。对于企业内正式与非正式知识共享惯例而言，同样具有变革性，不是一成不变的。因此，正式与非正式知识共享之间的平衡必然是一种动态的平衡，这种平衡尽管有一定的稳定性，但也不是一成不变、一劳永逸的。这需要管理者做好组织情境的调控，维持惯例的变革和演进，提升企业的知识共享能力和创造能力。

学习效应和知识管理对于现代企业运营发展的重要性不言而喻。它们也是企业动态能力的重要来源和驱动力。学习从渠道或形式来看也有正式学习（Formal Learning）和非正式学习（Informal Learning）之分。而且学习和知识有着天然的联系，研究显示，组织学习和知识管理有着相互促进的作用，并贡献于企业的动态能力和竞争优势。某种意义上，探求企业内正式与非正式知识共享的平衡，也是为了提升学习效应和知识管理能力，为企业的动态能力奠定基础。

另外，动态能力理论对非认知能力的强调也给了本书很好的启示。非认知能力是不受有意识思维激发或涉及信息处理与抽象分析的能力，更多的与企业成员的经验、动机、信念、习惯等非认知因素有关。研究显示，相比于正式渠道，非正式知识共享模式更有助于员工非认知能力的提升。通过非正式渠道，员工与其他企业成员互动交流，能促进他们在经验、动机、信念等方面的共享和相互理解，从而使企业成员的非认知能力得到提升。因此，非正式知识共享模式对企业的非认知能力发展是十分重要的。非正式知识共享与正式知识共享的平衡则有助于企业成员认知和非认知能力的均衡发展，贡献于企业的动态能力。

9.5　阴阳平衡理论的启示

以中国道家思想为基础的阴阳平衡理论蕴含着深刻的系统论和辩证法思想，被不少学者和管理者引入企业管理当中。刘刚等（2014）认为："随着社会经济的不断发展，现代企业面临着日益增多的管理困境，如制度管理与情感管理、分权与控制等，……作为东方智慧的结晶，阴阳学说所蕴含的系统论和辩证法思想对于各种管理困境的解决有着诸多的启示。"在阴阳平衡理论视角下，企业的管理要素也兼具阴阳二元性，正如同知识共享活动中的正式知识共享与非正式知识共享，它们可被看作知识共享的"阴""阳"两面，二者既相互制约，又相辅相成、不可或缺。如果削弱了其中一元就会导致二元相对不平衡，出

第9章　企业内正式与非正式知识共享平衡的进一步思考

现阳盛阴虚或阴盛阳虚的不平衡现象，导致企业内部知识共享出现问题。

阴阳平衡视角体现了企业内正式与非正式知识共享平衡的必要，也对二者的二元平衡提供了有益的启示。阴阳平衡理论提示我们阴阳是互存的，因此企业在推进企业内部知识共享时，对正式和非正式知识共享不应有所偏废，过度地强调某一种知识共享模式而有意或无意地忽略另一种知识共享模式，容易陷入"孤阴不长，独阳不生"的境地，导致任一种知识共享模式都不能达到理想状态。例如，没有好的企业价值观和文化作用，正式的知识管理系统和规章制度经常不尽如人意，难以发挥预期效果。

阴阳平衡理论提示我们阴阳尽管互存，但二者的平衡不一定是强弱相等、力量相同的绝对平衡，而可以是一种知识共享模式为主、另一种模式为辅的相对平衡。因此，企业在调控正式与非正式知识共享时，不一定要平均用力，而可以有所侧重，如以正式知识共享为主、以非正式知识共享为辅，有主有次，更有利于发挥不同知识共享模式的独特作用以及二者的互补效应，达到理想的知识共享效果。

阴阳平衡理论提示我们阴阳无限可分，任何事物中的阴或阳又都可以再分为阴阳两个方面，以至无穷。例如，通过讨论会进行知识共享，讨论会既可以是正式会议，也可以是非正式会议，在会议过程中可以有正式议程，也可以包括非正式交流。因此，正式和非正式知识共享的平衡可以贯彻和体现在很多具体的知识共享活动中，提升知识共享效果。

阴阳平衡理论提示我们阴阳消长，阴阳始终处于此消彼长、此退彼进的状态中。相应地，企业内知识共享的正式行为和非正式行为之间也同样不断地此消彼长，处于不断的变化之中。因此，管理者寻求的企业内正式知识共享与非正式知识共享模式之间的平衡只能是一种量变随时存在的动态平衡。管理者还要注意调控二者的相对平衡，主动地对知识管理中不平衡的现象进行调整，使其力量消长保持在一定范围内。因为一旦二者力量消长超过一定范围，则会出现过阳或过阴的情况，过阳会抑制阴，过阴也会抑制阳。

阴阳平衡理论提示我们阴阳可能互相转化，在一定条件下，阴阳可能发生本质变化，阳转化为阴，阴转化为阳。例如，某企业在知识共享中采取以正式知识共享为主，以非正式知识共享为辅的策略，但当企业员工缺乏贯彻知识共享正式制度的意愿和行为时，非正式行为就可能大行其道，这种问题一旦积累到一定程度，就可能发生阴阳互换。因此，管理者在进行知识管理调控时，需要了解两种知识共享模式转化或背离的情况，善于调节阴阳变化，一旦发现阴阳互换则加以引导和改变，避免不平衡的现象出现。

综上所述，阴阳平衡理论为管理学中二元悖论的解决提供了很好的思路，对企业内知识共享两种模式二元平衡的调节同样具有借鉴意义。其对于阴阳消长和转化的论述也从另一侧面进一步证明了本章对企业内两种知识共享模式进行调控的必要性。另外，阴阳平衡的思路也很好地应对了企业管理调控中的不稳定性、复杂性和模糊性问题。阴阳平衡理论也提醒我们事物总是在平衡、不平衡、又重新平衡的动态变化之中，因此，管理调节并不是一味被动改变，而是善为、有为，主动认清形势、抓住机会实现转变。由于正式和非正式知识共享行为阴阳互存、相生相克，二者在某些方面或某些时间以相融为主，反之在其他方面或其他时间可能以相克为主。因此，从阴阳思维分析两种知识共享模式的力量消长，综合分析各种情境因素对二者交互的影响，寻求不断变化的动态平衡符合阴阳平衡理论的题中之义。这方面与本书基于复杂适应系统的问题解决思路也有共通之处。

9.6 和谐管理理论借鉴

和谐管理理论（Harmonious Management Theory）是我国知名管理学专家席酉民先生提出的一种本土化管理理论。经过三十余年的发展，和谐管理理论逐

第9章 企业内正式与非正式知识共享平衡的进一步思考

渐形成了一套以"和谐主题""和则""谐则""和谐耦合"等概念为主要内容的理论体系。它结合了西方的科学分析观点与中国人认识事物的整体论思维,围绕"和谐主题",通过"和则""谐则"等手段的运用以及二者的耦合来应对管理问题,为管理者应对复杂多变的管理环境和问题提供了有益思路。其面对复杂管理问题的基本解决思路是:企业在长期愿景与目标的指引之下,为了使一定时期内企业发展更趋近于企业的愿景与目标,企业需要辨识在这一定时期内需要完成的核心任务以及需要解决的关键问题,这就是企业发展过程中的"和谐主题"。为了达成发展不同阶段的和谐主题,企业需要在和谐主题的指导下采取不同的手段:一是"谐则",主要针对由"物"的要素所引致的不确定性,通过理性设计与优化来提升组织架构的有效性、工作流程与制度,对具有相对确定性的管理问题进行整体优化;二是"和则",其核心是利用由"人"的因素所带来的不确定性来应对管理活动中的不确定性。而"和谐耦合"则强调在实现和谐主题过程中"和则"与"谐则"间的动态调整及适配,通过双规则耦合来有效应对复杂管理问题。可见,和谐管理理论将和谐主题辨识以及和谐主题导向下的"和则""谐则"耦合机制视为管理问题的基本解决框架,即重视正式规章制度和手段的运用(谐则),也重视非正式要素的利用(和则),更强调二者的耦合和动态适配,这一思路与本书基于复杂适应系统理论的知识共享平衡思路有异曲同工之处,值得本书借鉴。

和谐管理理论强调"愿景导向"。在复杂多变的商业环境下,企业的愿景和目标导向十分重要,可以为企业发展指引方向。企业知识管理战略也应与企业的愿景目标相一致,以有效支撑企业的知识创新与发展。相应地,企业内正式与非正式知识共享的平衡应该符合企业知识管理的战略战术需要。因此,企业内正式与非正式知识共享的平衡通常不是平均用力的绝对平衡,而是视由一定时期内的知识管理战略而定的相对平衡。企业可能会在某一个时期内根据企业战略和知识管理战略的需要将更多注意力投注到正式或非正式知识共享的某一方面,也可能根据战略的需要同时推动两种知识共享模式。因此,从一个相对短期的时间看，企业内正式或非正式知识共享的平衡往往是符合当时战略实施需要的相对平衡，但就长期而言，二者的平衡必然是企业愿景目标导引下的持续演化。因此，"愿景导向"对于企业内正式与非正式知识共享平衡调控的宏观引导十分重要。

和谐管理理论强调"主题思维"。和谐管理理论将"和谐主题"定义为：在企业特定发展时期和情境下，领导者基于企业所处环境及其自身状态所提炼出来的为实现企业使命、愿景及战略意图而亟待解决的核心问题或亟待完成的核心任务。和谐主题是给定内外部环境下企业发展的核心问题和关键任务。相对战略，和谐主题的辨识更有利于企业对复杂快变的环境进行及时反应，有效削减战略制定和执行间的差距。和谐管理理论强调"主题思维"，就是要明确给定时间和情境下企业工作的中心议题，以对企业环境变化做出及时有效的反应。"主题思维"提示我们，在给定时间和情境下，企业内正式与非正式知识共享的平衡调控应顺应企业工作的中心议题，为核心问题和关键任务服务。如果不能顺应这一时期的"和谐主题"，企业对知识共享的调控就会和其他管理活动产生内耗，导致南辕北辙的事情发生。

和谐管理理论强调"设计优化"。和谐管理理论的"谐则"准则主张通过企业组织结构、体系、流程、制度的设计优化提升管理效能，应对企业发展的核心问题和关键任务。设计优化可以采用管理要素的匹配、调适、流程再造、投入产出优化、建章立制等多种工具和手段。可见，和谐管理的"谐则"强调通过企业正式化管理手段和工具应对"和谐主题"。联系到本书主题，企业内正式知识共享模式就类似于和谐管理思想中的"谐则"，强调通过组织结构、体系、流程、制度的设计优化去促进企业内部的知识共享。对于企业内部以结构、体系、流程、制度等"非人化"要素为载体的知识，如系统性知识、流程性知识、概念性知识等，设计优化是一种有效的管理手段。

和谐管理理论强调"能动致变"。在充满不确定性、模糊性、复杂性和多变性的商业环境下，企业所面临的许多问题无法通过预设的规章、确定的路径来解决。此时，和谐管理理论提出"和则"这一管理准则，主张充分激发人的主观能动性和创造性，利用人的复杂性来主动地应变、致变。规则、契约、文化、价值观、信念、行为方式等因素是"能动致变"这一管理理念下重点关注的管理变量。可见，和谐管理的"和则"更强调通过"人"的因素应对"和谐主题"。联系到本书，非正式知识共享模式同样十分强调发挥"人"因素的作用，因为非正式知识共享本质上就是人际间的一种知识援助，具有很强的不确定性。此时，充分调动人的主观能动性和创造性，以人的复杂性应对环境的复杂性，"能动致变"，是十分正确的管理思路。

和谐管理理论强调"互动耦合"。和谐管理理论的独特之处在于对"和则"与"谐则"耦合思想的论述和管理手段的运用。"谐则"通过正式的规章制度应对管理过程中的不确定性，"和则"利用人的能动性来应对管理中的不确定性。面对具体的和谐主题，"和则"与"谐则"的互动及其与和谐主题的匹配，即"互动耦合"，可以更有效地应对不确定性，提升管理效能。联系到本书主题，正式与非正式知识共享的平衡同样适合和谐管理的"互动耦合"思想，重在规章制度设计优化的正式知识共享与强调人际互动的非正式知识共享"耦合"有助于更好地应对企业知识管理中的核心问题和关键任务，提升知识管理效能。这一点，与本书通过缩小正式、非正式知识共享情境距离以促使知识主体、客体和情境交互的思想也有异曲同工之处。

和谐管理理论强调"持续演化"。根据和谐管理理论，和谐主题随着环境变化不断更新和漂移，围绕主题的"和则""谐则"耦合方式也要随之动态调整，"持续演化"，即每个特定阶段的和谐主题都会有一种特定的和谐耦合方式。类似地，这提示我们，正式与非正式知识共享二者的"耦合"和平衡调节也需要随着企业内外部环境变化和知识管理侧重点而动态调整、持续演化和螺旋提升，只有如此，才有可能提出最匹配当时企业管理情境的知识共享平衡策略。

企业内正式与非正式知识共享的平衡研究

9.7 不同理论的比较

基于以上讨论,表9-2 不同理论的核心概念和可资借鉴之处进行了总结。这些理论启示有助于我们立足本书思路基础上,从多个不同视角考察企业内正式与非正式知识共享的平衡问题,也为后续研究的进一步深入提供了一些可能的方向。

表9-2 不同理论的比较

借鉴理论	核心概念	对企业内正式与非正式知识共享平衡的启示
复杂适应系统理论	● 适应性主体 ● 复杂性成因 ● 混沌边缘 ● 复杂性优势 ● 自组织 ● 涌现	● 调控对象上,以情境因素调控为主 ● 在调控策略上,以"适应、调整和变革"为主 ● 围绕知识共享主体(员工、部门等)和客体(显性知识和隐性知识),以组织结构、组织协调机制、员工关系和组织信任等关键情境因素为调控对象,通过有效的管理设计缩小正式、非正式知识共享的情境距离,使知识主体、客体和情境更好地交互,促使组织知识共享系统向混沌边缘演进,形成复杂性优势,达到理想的系统运行自组织状态,从而实现正式与非正式知识共享的平衡,促进知识涌现和创造
系统组织理论	● 正式组织 ● 非正式组织 ● 复合性正式组织	● 系统组织理论对于正式组织和非正式组织的论述,已经成为企业内正式与非正式知识共享平衡分析的重要理论基石
适配理论	● 组织绩效来自组织系统有关要素的良好适配 ● 六种适配类型:调节适配、中介适配、配合模型、格式塔适配、构型离差适配、协变适配	● 从适配的角度看,对企业内正式与非正式知识共享平衡的分析也是旨在发现差距、消除不平衡状态,追求系统的平衡 ● 适配理论探索两个或多个变量间的关联形态,也采纳了权变的观点,充分考虑了情境因素的影响 ● 适配理论注重整体性和权变特点的理论视角对企业内正式与非正式知识共享平衡研究有很好的借鉴意义

续表

借鉴理论	核心概念	对企业内正式与非正式知识共享平衡的启示
动态能力理论	• 动态能力 • 组织改变 • 组织惯例 • 创造性行动 • 学习效应 • 知识管理能力 • 非认知能力	• 对于企业内正式与非正式知识共享惯例而言，同样具有变革性，二者是一种动态平衡，管理者需做好组织情境的调控，维持惯例的变革和演进，提升企业的知识共享能力和创造能力 • 某种意义上，探求企业内正式与非正式知识共享的平衡，也是为了提升学习效应和知识管理能力，为企业的动态能力奠定基础 • 非正式知识共享模式对企业成员的非认知能力发展十分有益，而非正式知识共享与正式知识共享的平衡则有助于企业成员认知和非认知能力的均衡发展，贡献于企业的动态能力
阴阳平衡理论	• 阴阳互存 • 阴阳可分 • 阴阳消长 • 阴阳转化 • 二元相对平衡	• 企业内正式知识共享与非正式知识共享，它们可被看作知识共享的"阴""阳"两面，二者既相互制约，又相辅相成、不可或缺 • 阴阳互存，因此企业在推进企业内部知识共享时，对正式和非正式知识共享不应有所偏废，过度地强调某一种知识共享模式而有意或无意地忽略另一种知识共享模式，容易陷入"孤阴不长，独阳不生"的境地，导致任一种知识共享模式都不能达到理想状态 • 阴阳无限可分，因此正式和非正式知识共享的平衡可以贯彻和体现在很多具体的知识共享活动中，提升知识共享效果 • 阴阳消长，相应地企业内知识共享的正式行为和非正式行为之间也同样不断地此消彼长，管理者寻求的企业内正式知识共享与非正式知识共享模式之间的平衡是一种量变随时存在的动态平衡 • 阴阳转化，管理者在进行知识管理调控时，需了解两种知识共享模式转化或背离的情况，善于调节阴阳变化，一旦发现阴阳互换则加以引导和改变，避免不平衡的现象出现
和谐管理理论	• 和谐主题 • 和则 • 谐则 • 愿景导向 • 主题思维 • 设计优化 • 能动致变 • 互动耦合 • 持续演化	• 愿景导向：从一个相对短期的时间看，企业内正式或非正式知识共享的平衡往往是符合当时战略实施需要的相对平衡，但从长期而言，二者的平衡必然是企业愿景目标引领下的持续演化 • 主题思维：在给定时间和情境下，企业内正式与非正式知识共享的平衡调控应顺应企业工作的中心议题，为核心问题和关键任务服务 • 设计优化：企业内正式知识共享模式类似于和谐管理思想中的"谐则"，强调通过组织结构、体系、流程、制度的设计优化去促进企业内部的知识共享 • 能动致变：与"和则"类似，非正式知识共享模式同样十分强调发挥"人"因素的作用，此时充分调动人的主观能动性和创造性，能动致变，是恰当的管理思路 • 互动耦合：重在规章制度设计优化的正式知识共享与强调人际互动的非正式知识共享"耦合"有助于更好地应对企业知识管理中的核心问题和关键任务，提升知识管理效能 • 持续演化：正式与非正式知识共享二者的"耦合"和平衡调节也需要随着企业内外部环境变化和知识管理侧重点而动态调整、持续演化和螺旋提升

9.8 本章小结

本章在前面几章研究的基础上,将思路从复杂适应系统理论这个考察点进一步延伸到复杂适应系统理论之外,从更广泛的国内外管理理论丛林中进行理论借鉴。讨论了系统组织理论、适配理论、动态能力理论、阴阳平衡理论与和谐管理理论等对企业内正式与非正式知识共享平衡研究的启示。分析可见,上述理论和本书基于复杂适应系统理论的问题求解思路有不少共通之处,也有不少新的启示,可供本书借鉴,为后续研究的深入提供了可能方向。

第10章 结论与展望

10.1 主要结论

本书围绕"如何平衡企业内正式与非正式知识共享,以充分发挥知识共享潜力?"这一研究问题展开。在文献梳理和理论分析基础上,首先,提出企业内正式与非正式知识共享存在一个二元悖论:即强调正式知识共享可能会挤压非正式机制的作用空间,带来隐性知识不足的机会损失,而强调非正式知识共享机制则可能弱化正式机制的作用,导致知识显性化不足的机会损失。其次,分析了悖论的成因,并基于复杂适应系统理论提出了一个企业内正式与非正式知识共享的平衡思路:即围绕知识共享主体(员工、部门等)和客体(显性知识和隐性知识),以影响企业内知识共享的关键情境因素为调控对象,在揭示相关因素正式维度和非正式维度互动规律基础上,通过有效的管理设计促进正式维度和非正式维度的整合,以此缩小正式、非正式知识共享的情境距离,使知识主体、客体和情境更好地交互,促使企业知识共享系统向混沌边缘演进,形成复杂性优势,一定程度上达到理想的自组织状态,从而实现正式与非正式知识共享的平衡。按照这一思路,本书分别从知识特性、组织结构、员工关系、协调机制和信任机制等影响企业内知识共享的情境因素入手,对相关因素的正式维度和非正式维度进行细分,如显性知识和隐性知识、组织结构中的正式结构与非正式网络、组织协调机制中具有正式特点的规范化管理系统和非正式特点的共享价值观、员工关系中正式的工作关系和非正式的私人关系、信任机制中具有正式特点的制度信任和非正式特点的人际信任等,对不同维度的互动规律进行了探索,在明确相应维度互动机理基础上,从情境距离调控的角度提出了相应的知识共享平衡策略。最后,本书进一步将考察思路延伸到复杂适应系统理论之外,讨论了系统组织理论、适配理论、动态能力理论、阴阳平衡理论与和谐管理理论等相关理论对本书研究的借鉴之处,以探索更有效的问题解决思路,也为后续研究的继续深入提供可能的方向。

基于上述研究,本书所得的主要结论如下:

(1) 显隐知识平衡是正式/非正式知识共享模式平衡的内在需求,显隐知识平衡的关键在于代表不同知识交换逻辑的正式、非正式知识共享模式的平衡。而正式、非正式知识共享模式平衡的关键则在于组织结构、员工关系、协调机制、信任机制等关键情境因素的调控和平衡。

(2) 由正式结构和非正式网络构成的涌现网络是承载企业内部知识流动的重要载体,它包括四个子结构——被忽视的正式结构、被利用的正式结构、被利用的非正式网络和潜在的非正式网络。基于涌现网络进行企业内部知识共享分析,有助于清晰地描述嵌入于企业正式结构、非正式网络及其子结构中的知识流动。在此基础上,可采用调控网络中的关键知识代理人、通过网络优化避免知识共享缺口、IT 支持、协作文化培育等调控手段,促进知识共享的平衡优化。

(3) 较正式的工作关系和非正式的私人关系是企业内部员工间的两种典型社会关系。实证研究发现,工作关系和私人关系都对员工知识共享有显著的正面影响;工作关系在私人关系和员工知识共享间发挥中介作用;以"人"为导向的知识管理战略在私人关系和工作关系间发挥正向调节作用,并通过工作关系的中介作用对员工知识共享产生影响。在明确上述机理基础上,可从人力资源管理、企业文化塑造、组织结构调整、IT支持等情境调控角度，对员工关系及其知识共享行为进行引导，以促进正式与非正式知识共享的平衡。

（4）正式的规范化管理系统和具有非正式特征的共享价值观是两类典型的组织协调机制。实证研究发现：规范化管理和共享价值观对跨部门知识共享满意度具有显著的正面促进作用；规范化管理系统在共享价值观与跨部门知识共享成功度之间发挥正向调节作用，即规范化管理系统程度越高，共享价值观对跨部门知识共享成功度的正向作用越强。在明确上述机理基础上，可从跨部门协作形式、任务特性、组织学习、组织氛围等情境调控角度，考虑两类协调机制的调适和平衡，以促进正式与非正式知识共享的平衡。

（5）具有正式特征的制度信任和非正式特征的人际信任是协调企业成员交互的两种基本信任形式。实证研究发现：制度信任与人际信任都是跨部门知识共享满意度以及成功度的显著预测变量；人际信任在制度信任与跨部门知识共享满意度及成功度间发挥部分中介作用；揭示了知识隐性在制度信任与跨部门知识共享成功度之间的调节作用，即随着知识隐性的增加，制度信任与跨部门知识共享成功度之间的正向关系减弱。在明确上述机理基础上，可从完善企业制度、提升组织支持、强化组织公平、加强沟通协调等情境调控角度，促进制度信任和人际信任的平衡，借此推动企业内正式与非正式知识共享的平衡。

10.2 理论启示

本书从平衡的角度分析企业中常见的两类知识共享模式——正式知识共享与非正式知识共享，所得研究结论的理论启示如下：

（1）从复杂适应系统视角，通过缩小正式、非正式知识共享模式的情境距离来推动两种模式更好地交互，促使企业知识共享系统向混沌边缘演进，是实现企业内正式与非正式知识共享平衡的一种有益思路。

（2）贯彻上述思路，本书着眼于承载这两种知识共享模式的具体情境，从组织结构、员工关系、协调机制、信任机制等方面，对相关因素的正式维度和非正式维度进行细分，借助案例分析和实证研究探索不同维度要素的互动规律，在明确相关要素互动机理基础上，从情境调控角度提出两种知识共享模式的平衡策略。这一研究尝试有利于为正式与非正式这两类知识共享模式以及承载这两种模式的相关要素间的关系提供新的证据，也有助于为两种知识共享模式的平衡调控提供理论支持。

10.3 管理启示

本书有助于为企业内部正式与非正式知识共享的平衡调控提供管理建议和决策参考，以充分发挥知识共享的价值和潜力，主要管理启示如下：

（1）有效平衡正式与非正式知识共享模式以充分发挥知识共享潜力是一个很好的管理设想。然而，在复杂多变的企业环境下，这个理想的平衡点并不容易达成，寻求最优的平衡策略更是一种奢望。在这一背景下，本书提出通过缩小两种知识共享模式情境距离以促进二者更好交互和平衡的思路是一个具有实践可行性的管理思路。通过情境距离的拉近，两种知识共享模式可以更好地交互，自主地趋向平衡，即使达不到最优的平衡点，也可获得满意的平衡结果。

（2）本书针对组织结构、员工关系、协调机制、信任机制等关键情境因素，对影响正式与非正式知识共享的相关要素进行分析，如组织结构中的正式结构与非正式网络、组织协调机制中具有正式特点的规范化管理系统和非正式特点的共享价值观、员工关系中正式的工作关系和非正式的私人关系、信任机制中具有正式特点的制度信任和非正式特点的人际信任等，在明确相关要素互动机理基础上提出具体的平衡调控建议，使相应的管理策略更具可操作性和实践指导意义。

10.4 研究展望

（1）企业内正式与非正式知识共享的平衡不只是一个理论问题，更是一个重要的实践问题，有很好的实践意义。本书从复杂适应系统视角提供了一个调控思路，做了一些有益的探讨，但仍可进一步探索其他思路。本书在第9章讨论了一些其他理论视角对二者平衡调控带来的启示，但尚不深入，有待后续进一步研究。

（2）本书探讨了组织结构、员工关系、协调机制、信任机制等若干个关键情境因素。但影响企业内正式与非正式知识共享平衡的组织情境是广泛而复杂的，仍应进一步深入探究，以加强对情境的理解。

参考文献

[1] Abrams L C, Cross R, Lesser E, et al. Nurturing interpersonal trust in knowledge–sharing networks [J]. The Academy of Management Executive, 2003, 17 (4): 64–77.

[2] Adams J S. Inequity in social exchange [J]. Advances in Experimental Social Psychology, 1965 (2): 267–299.

[3] Ahlf H, Horak S, Klein A, et al. Demographic homophily, communication and trust in intra–organizational business relationships [J]. Journal of Business & Industrial Marketing, 2019, 34 (2): 474–487.

[4] Aiken L S, West S G. Multiple regression: Testing and interpreting interactions [M]. Thousand Oaks, CA: Sage, 1991.

[5] Aizpurúa L I, Saldaña P E Z, Saldaña A Z. Learning for sharing: An empirical analysis of organizational learning and knowledge sharing [J]. International Entrepreneurship and Management Journal, 2011, 7 (4): 509–518.

[6] Albrecht T L, Hall B. Facilitating talk about new ideas: The role of personal relationships in organizational innovation [J]. Communication Monographs, 1991, 37 (3): 6636–6643.

[7] Almeida M V, Soares A L. Knowledge sharing in project–based organizations: Overcoming the informational limbo [J]. International Journal of Information Management, 2014, 34 (6): 770–779.

[8] Aoshima Y. Inter – Project Technology Transfer and the Design of Product Development Organizations [R]. Working Paper, Massachusetts Institute of Technology, 1993.

[9] Ardichvili A, Page V, Wentling T. Motivation and barriers to participation in virtual knowledge – sharing communities of practice [J]. Journal of Knowledge Management, 2003, 7 (1): 64 – 77.

[10] Ayers D, Gordon G, Schoenbachler D. Integration and New Product Development Success: The Role of Formal and Informal Controls [J]. The Journal of Applied Business Research, 2001, 17 (2): 133 – 148.

[11] Bakker M, Leenders R T A J, Gabbay S M, et al. Is trust really social capital? Knowledge sharing in product development projects [J]. The Learning Organization, 2006, 13 (6): 594 – 605.

[12] Baron R M, Kenny D A. The moderator – mediator variable distinction in social psychological research: Conceptual, strategic, and statistical considerations [J]. Journal of Personality and Social Psychology, 1986, 51 (6): 1173 – 1182.

[13] Bartol K M, Srivastava A. Encouraging knowledge sharing: The role of organizational reward systems [J]. Journal of Leadership & Organizational Studies, 2002, 9 (1): 64 – 76.

[14] Becerra – Fernandez I, Sabherwal R. Organization Knowledge Management: A Contingency Perspective [J]. Journal of Management Information Systems, 2001, 18 (1): 23 – 55.

[15] Behnke T M. Knowledge sharing at work: An examination of organizational antecedents [D]. St. Ambrose University, 2010.

[16] Benner M J, Tushman M L. Exploitation, exploration, and process management: The productivity dilemma revisited [J]. Academy of Management Review, 2003, 28 (2): 238 – 256.

[17] Blau P. Exchange and power in social life [M]. New York: Wiley, 1964.

[18] Blomkvist K. Knowledge management in MNCs: The importance of subsidiary transfer performance [J]. Journal of Knowledge Management, 2012, 16 (6): 904 – 918.

[19] Borgatti S P, Carboni I. On Measuring Individual Knowledge in Organizations [J]. Organizational Research Methods, 2007, 10 (3): 449 – 462.

[20] Borgatti S P, Cross R. A Relational View of Information Seeking and Learning in Social Networks [J]. Management Science, 2003, 49 (4): 432 – 445.

[21] Brass D J, Butterfield K D, Skaggs B C. Relationships and unethical behavior: A social network perspective [J]. Academy of Management Review, 1998, 23 (1): 14 – 31.

[22] Brown J S, Duguid P. Organizational learning and communities of practice: Toward a unified view of working, learning, and innovation [M]. Knowledge and Communities, 2000.

[23] Cabrera A, Cabrera E F. Knowledge – sharing dilemmas [J]. Organization Studies, 2002, 23 (5): 687 – 710.

[24] Cavusgil S T, Calantone R J, Zhao Y. Tacit knowledge transfer and firm innovation capability [J]. Journal of Business & Industrial Marketing, 2003, 18 (1): 6 – 21.

[25] Chae S, Seo Y, Lee K C. Effects of task complexity on individual creativity through knowledge interaction: A comparison of temporary and permanent teams [J]. Computers in Human Behavior, 2015 (42): 138 – 148.

[26] Chan K, Liebowitz J. The Synergy of Social Network Analysis and Knowledge Mapping: A Case Study [J]. International Journal of Management and Deci-

sion Making, 2006, 7 (1): 19 - 35.

[27] Chatti M A. Knowledge management: A personal knowledge network perspective [J]. Journal of Knowledge Management, 2012, 16 (5): 829 - 844.

[28] Chau T. Inter - team learning for agile software processes [D]. Master Thesis, University of Calgary, 2005.

[29] Chen C J, Huang J W. How organizational climate and structure affect knowledge management—The social interaction perspective [J]. International Journal of Information Management, 2007, 27 (2): 104 - 118.

[30] Cheng M M, Coyte R. The effects of incentive subjectivity and strategy communication on knowledge - sharing and extra - role behaviours [J]. Management Accounting Research, 2014, 25 (2): 119 - 130.

[31] Choi B, Lee H. An empirical investigation of KM styles and their effect on corporate performance [J]. Information & Management, 2003, 40: 403 - 417.

[32] Choi B, Lee H. Knowledge management strategy and its link to knowledge creation process [J]. Experts Systems with Applications, 2002, 23 (3): 173 - 187.

[33] Chou L F, Wang A C, Wang T Y, et al. Shared work values and team member effectiveness: The mediation of trustfulness and trustworthiness [J]. Human Relations, 2008, 61 (12): 1713 - 1742.

[34] Chow W S, Chan L S. Social network, social trust and shared goals in organizational knowledge sharing [J]. Information & Management, 2008, 45 (7): 458 - 465.

[35] Christensen K S, Bang H K. Knowledge management in a project - oriented organization: three perspectives [J]. Journal of Knowledge Management, 2003, 7 (3): 116 - 128.

[36] Cohen J F, Olsen K. Knowledge management capabilities and firm per-

formance: A test of universalistic, contingency and complementarity perspectives [J]. Expert Systems with Applications, 2015, 42 (3): 1178 – 1188.

[37] Cohendet P, Meyer – Krahmer F. The theoretical and policy implications of knowledge codification [J]. Research Policy, 2001, 30 (9): 1563 – 1591.

[38] Coleman J S. Social capital in the creation of human capital [J]. American Journal of Sociology, 1988, 94: S95 – S120.

[39] Coletti A L, Sedatole K L, Towry K L. The effect of control systems on trust and cooperation in collaborative environments [J]. The Accounting Review, 2005, 80 (2): 477 – 500.

[40] Conway S. Informal Boundary – spanning Communication in the Innovation Process: An Empirical Study [J]. Technology Analysis & Strategic Management, 1995, 7 (3): 327 – 342.

[41] Cook J, Wall T. New work attitude measures of trust, organizational commitment and personal need non – fulfilment [J]. Journal of Occupational Psychology, 1980, 53 (1): 39 – 52.

[42] Cowan R, David P A, Foray D. The explicit economics of knowledge codification and tacitness [J]. Industrial and Corporate Change, 2000, 9 (2): 211 – 253.

[43] Cross R, Parker A, Prusak L, et al. Knowing what we know: Supporting knowledge creation and sharing in social networks [J]. Organizational Dynamics, 2001, 30 (2): 100 – 120.

[44] Deconinck J B. The effect of organizational justice, perceived organizational support, and perceived supervisor support on marketing employees' level of trust [J]. Journal of Business Research, 2010, 63 (12): 1 – 13.

[45] Dietrich P. Mechanisms for inter – project integration: Empirical analysis in program context [J]. Project Management Journal, 2006, 37 (3): 49 – 61.

[46] Dirks K T, Ferrin D L. Trust in Leadership: Meta - Analytic Findings and Implications for Organizational Research [J]. Journal of Applied Psychology, 2002, 87 (4): 611 -628.

[47] Doz Y. Knowledge Creation, Knowledge Sharing and Organizational Structures and Processes in MNCs: A Commentary on Foss N. "Knowlege and Organization in the Theory of the MNC" [J]. Journal of Management Governance, 2006, 10 (1): 29 -33.

[48] Echajari L, Thomas C. Learning from complex and heterogeneous experiences: The role of knowledge codification [J]. Journal of Knowledge Management, 2015, 19 (5): 968 -986.

[49] Eisenberger R, Fasolo P, Davis - Lamastro V. Perceived organizational support and employee diligence, commitment, and innovation [J]. Journal of Applied Psychology, 1990, 75 (1): 51 -59.

[50] Eisenberger R, Stinglhamber F. Perceived Organizational Support [J]. Journal of Applied Psychology, 1986, 71 (3): 500 -507.

[51] Eisenhardt K M, Martin J A. Dynamic capabilities: What are they? [J]. Strategic Management Journal, 2000, 21 (10 -11): 1105 -1121.

[52] Evaristo J R, Desouza K C. Managing knowledge in distributed projects [J]. Communications of the ACM, 2004, 47 (4): 87 -91.

[53] Fey C, Furu P. Top Management Incentive Compensation and Knowledge Sharing in Multinational Corporations [J]. Strategic Management Journal, 2008, 29 (12): 1301 -1323.

[54] Ford D P. Trust and knowledge management: The seeds of success [M] //Handbook on Knowledge Management 1. Springer Berlin Heidelberg, 2004: 553 -575.

[55] Fukuyama F. Trust: The social virtues and the creation of prosperity

[M]. New York: Free Press, 1995.

[56] Galbraith J R. Designing Complex Organizations [M]. Addison – Wesley, Reading, MA, 1973.

[57] Gallicano T D. Personal relationship strategies and outcomes in a membership organization [J]. Journal of Communication Management, 2009, 13 (4): 310 – 328.

[58] Ganguly A, Talukdar A, Chatterjee D. Evaluating the role of social capital, tacit knowledge sharing, knowledge quality and reciprocity in determining innovation capability of an organization [J]. Journal of Knowledge Management, 2019, 23 (6): 1105 – 1135.

[59] Godart F C, Cavarretta F, Thiemann M. Task complexity and shared value orientation: Exploring the moderators of a social dilemma in team social networks [J]. Industrial and Corporate Change, 2016, 25 (5): 739 – 756.

[60] Goldsmith D J, Mcdermott V M, Alexander S C. Helpful, Supportive and Sensitive: Measuring the Evaluation of Enacted Social Support in Personal Relationships [J]. Journal of Social & Personal Relationships, 2000, 17 (3): 369 – 391.

[61] Goodman P, Darr E. Computer – Aided Systems and Communities: Mechanisms for Organizational Learning in Distributed Environments [J]. MIS Quarterly, 1998, 22 (4): 417 – 440.

[62] Gottschalk P. Strategic Knowledge Management Technology [M]. Idea Group Inc., Hershey, PA, USA, 2005.

[63] Granovetter M. Economic action and social structure: The problem of embeddedness [J]. American Journal of Sociology, 1985 (1): 481 – 510.

[64] Grant R M. Toward a knowledge - based theory of the firm [J]. Strategic Management Journal, 1996, 17 (S2): 109 – 122.

[65] Greiner M E , Böhmann, Tilo, Krcmar H . A strategy for knowledge management [J] . Journal of Knowledge Management, 2000, 11 (6): 3 – 15.

[66] Gupta A K, Govindarajan V. Knowledge flows within multinational corporations [J] . Strategic Management Journal, 2000, 21 (4): 473 – 496.

[67] Hair J F, Anderson R E, Tatham R L, Black W C. Multivariate data analysis: With readings [M] . Englewood Cliffs, NJ: Prentice – Hall, 1995.

[68] Hall M. Knowledge management and the limits of knowledge codification [J] . Journal of Knowledge Management, 2006, 10 (3): 117 – 126.

[69] Hammami H, Amara N, Landry R. Organizational climate and its influence on brokers' knowledge transfer activities: A structural equation modeling [J] . International Journal of Information Management, 2013, 33 (1): 105 – 118.

[70] Hansen M T. Knowledge Networks: Explaining Effective Knowledge Sharing in Multiunit Companies [J] . Organization Science, 2002, 13 (3): 232 – 248.

[71] Hansen M T. The search – transfer problem: The role of weak ties in sharing knowledge across organization subunits [J] . Administrative Science Quarterly, 1999, 44 (1): 82 – 111.

[72] Hansen M, Nohria N, Tierney. What's your strategy for managing knowledge? [J] . Harvard Business Review, 1999, 77 (2): 106 – 116.

[73] Harrington R S J. The Relationship of Communication, Ethical Work Climate, and Trust to Commitment and Innovation [J] . Journal of Business Ethics, 2000, 25 (4): 313 – 328.

[74] Herold D M, Greller M M. Feedback: the definition of a construct [J] . Academy of Management Journal, 1977, 20 (1): 142 – 147.

[75] Hill N S, Bartol K M, Tesluk P E, et al. Organizational context and face – to – face interaction: Influences on the development of trust and collaborative

behaviors in computer – mediated groups [J]. Organizational Behavior and Human Decision Processes, 2009, 108 (2): 187–201.

[76] Holste J S, Fields D. Trust and tacit knowledge sharing and use [J]. Journal of Knowledge Management, 2010, 14 (1): 128–140.

[77] Hsu M H, Chang C M. Examining interpersonal trust as a facilitator and uncertainty as an inhibitor of intra – organisational knowledge sharing [J]. Information Systems Journal, 2014, 24 (2): 119–142.

[78] Huang C C. Knowledge sharing and group cohesiveness on performance: An empirical study of technology R&D teams in Taiwan [J]. Technovation, 2009, 29 (11): 786–797.

[79] Huemer L, Boström G O, Felzensztein C. Control – trust interplays and the influence paradox: A comparative study of MNC – subsidiary relationships [J]. Industrial Marketing Management, 2009, 38 (5): 520–528.

[80] Husted K, Michailova S. Diagnosing and fighting knowledge – sharing hostility [J]. Organizational Dynamics, 2002, 31 (1): 60–73.

[81] Inkpen A C, Dinur A. Knowledge management processes and international joint ventures [J]. Organization Science, 1998, 9 (4): 454–468.

[82] Ipe M. Knowledge sharing in organizations: A conceptual framework [J]. Human Resource Development Review, 2003, 2 (4): 337–359.

[83] Jasimuddin S M, Klein J H, Connell N A D. The paradox of using tacit and explicit knowledge: Strategies to face dilemmas [J]. Management Decision, 2005, 43 (1): 102–112.

[84] Jiacheng W, Lu L, Francesco C A. A cognitive model of intra – organizational knowledge – sharing motivations in the view of cross – culture [J]. International Journal of Information Management, 2010, 30 (3): 220–230.

[85] Johanson J. Formal structure and intra – organisational networks: An a-

nalysis in a combined social and health organisation in Finland [J]. Scandinavian Journal of Management, 2000, 16 (3): 249-267.

[86] Jones G R, George J M. The experience and evolution of trust: Implications for cooperation and teamwork [J]. Academy of Management Review, 1998, 23 (3): 531-546.

[87] Jopp D A. Formal and informal collective learning systems: Understanding the emergent flow of knowledge [D]. Doctor Paper, The George Washington University, 2006.

[88] Jordan J, Jones P. Assessing your company's knowledge management style [J]. Long Range Planning, 1997, 30 (3): 392-398.

[89] Katz-navon T Y, Erez M. When collective- and self-efficacy affect team performance: The role of task interdependence [J]. Small Group Research, 2005, 36 (4): 437-465.

[90] Keller R T. Cross-functional project groups in research and new product development: Diversity, Communications, Job Stress, and Outcomes [J]. Academy of Management Journal, 2001, 44 (3): 547-555.

[91] Kim D H. The link between individual and organizational learning [M] // Klein D A. The strategic management of intellectual capital, Butterworth-Heinemann, 1998.

[92] Kim S, Lee H. The impact of organizational context and information technology on employee knowledge - sharing capabilities [J]. Public Administration Review, 2006, 66 (3): 370-385.

[93] Kim T H, Lee J N, Chun J U, et al. Understanding the effect of knowledge management strategies on knowledge management performance: A contingency perspective. [J]. Information & Management, 2014, 51 (4): 398-416.

[94] Koskinen K U, Pihlanto P, Vanharanta H. Tacit knowledge acquisition

and sharing in a project work context [J]. International Journal of Project Management, 2003, 21 (4): 281-290.

[95] Krackhardt D, Hanson J R. Informal networks: The company behind the chart [J]. Harvard Business Review, 1993, 71 (4): 104-111.

[96] Kramer R M. Trust and distrust in organizations: Emerging perspectives, enduring questions [J]. Annual Review of Psychology, 1999, 50 (1): 569-598.

[97] Kremer A L. Predictors of participation in formal and informal workplace learning: Demographic, situational, motivational and deterrent factors [D]. Doctor Paper, George Mason University, 2005.

[98] Kudryavtsev D, Gavrilova T. From anarchy to system: A novel classification of visual knowledge codification techniques [J]. Knowledge and Process Management, 2017, 24 (1): 3-13.

[99] Kumar J A, Ganesh L S. Balancing Knowledge Strategy: Codification and Personalization during Product Development [J]. Journal of Knowledge Management, 2011, 15 (1): 118-135.

[100] Laframboise, K., Croteau, A. M., Beaudry, A., Manovas, M. Interdepartmental knowledge transfer success during information technology projects [J]. International Journal of Knowledge Management, 2007, 3 (2): 47-67.

[101] Lawson B, Petersen K J, Cousins P D, et al. Knowledge sharing in interorganizational product development teams: The effect of formal and informal socialization mechanisms [J]. Journal of Product Innovation Management, 2009, 26 (2): 156-172.

[102] Lee J N. The impact of knowledge sharing, organizational capability and partnership quality on IS outsourcing success [J]. Information & Management,

2001, 38 (5): 323 -335.

[103] Lemon M, Sahota P S. Organizational culture as a knowledge repository for increased innovative capacity [J]. Technovation, 2004, 24 (6): 483 -498.

[104] Leonard D, Sensiper S. The role of tacit knowledge in group innovation [J]. California Management Review, 1998, 40 (3): 112 -132.

[105] Levin D Z, Cross R, Abrams L C, et al. Trust and knowledge sharing: A critical combination [J]. IBM Institute for Knowledge - Based Organizations, 2002 (19): 1 -9.

[106] Levin D Z, Cross R. The strength of weak ties you can trust: The mediating role of trust in effective knowledge transfer [J]. Management Science, 2004, 50 (11): 1477 -1490.

[107] Lewicki R J, Tomlinson E C, Gillespie N. Models of interpersonal trust development: Theoretical approaches, empirical evidence, and future directions [J]. Journal of Management, 2006, 32 (6): 991 -1022.

[108] Li L. The effects of trust and shared vision on inward knowledge transfer in subsidiaries' intra - and inter - organizational relationships [J]. International Business Review, 2005 (14): 77 -95.

[109] Li M, Gao F. Why Nonaka highlights tacit knowledge: A critical review [J]. Journal of Knowledge Management, 2003, 7 (4): 6 -14.

[110] Li P P. Guanxi as the Chinese norm for personalized social capital: Toward an integrated duality framework of informal exchange [M]. Handbook of Research on Asian Business, 2006.

[111] Li X, Zhang J, Zhang S, et al. A multilevel analysis of the role of interactional justice in promoting knowledge - sharing behavior: The mediated role of organizational commitment [J]. Industrial Marketing Management, 2016 (62): 226 -233.

[112] Liang A T. Mapping experience: Understanding socio-technical inter-team knowledge sharing in product development communities [D]. Doctor Paper, Stanford University, 2000.

[113] Liao Y S. The Effects of Knowledge Management Strategy and Organization Structure on Innovation [J]. International Journal of Management, 2007, 24 (1): 53-60.

[114] Liu H, Chai K H, Nebus J F. Balancing codification and personalization for knowledge reuse: A Markov decision process approach [J]. Journal of Knowledge Management, 2013, 17 (17): 755-772.

[115] Liu H, Ding G, Huang L, et al. Guanxi Orientation and Subjective Norms in Knowledge Sharing: The Mediating effects of Loss of Knowledge Power and Codify Effort [C] //PACIS. 2014: 154-165.

[116] Lu L, Leung K, Koch P T. Managerial knowledge sharing: The role of individual, interpersonal, and organizational factors [J]. Management and Organization Review, 2006, 2 (1): 15-41.

[117] Lupton N, Beamish P. Organizational structure and knowledge-practice diffusion in the MNC [J]. Journal of Knowledge Management, 2014, 18 (4): 710-727.

[118] MacLean D, MacIntosh R, Seidl D. Rethinking dynamic capabilities from a creative action perspective [J]. Strategic Organization, 2015, 13 (4): 340-352.

[119] Maguire S, Phillips N, Hardy C. When "Silence = Death", keep talking: Trust, control and the discursive construction of identity in the Canadian HIV/AIDS treatment domain [J]. Organization Studies, 2001, 22 (2): 285-310.

[120] Malone T W, Crowston K. What is coordination theory and how can it help design cooperative work systems [C] // ACM conference on Computer-sup-

ported cooperative work. ACM, 1990: 357 - 370.

[121] Marks P V. Sharing knowledge through a knowledge management system: The relative effectiveness of formal control and organizational support [D]. Doctor Paper, University of Pittsburgh, 2001.

[122] Marouf L N. Social networks and knowledge sharing in organizations: A case study [J]. Journal of Knowledge Management, 2007, 11 (6): 110 - 125.

[123] Matzler K, Renzl B. The relationship between interpersonal trust, employee satisfaction, and employee loyalty [J]. Total Quality Management and Business Excellence, 2006, 17 (10): 1261 - 1271.

[124] Mayer R C, Davis J H, Schoorman F D. An integrative model of organizational trust [J]. Academy of Management Review, 1995, 20 (3): 709 - 734.

[125] McAllister D J. Affect - and cognition - based trust as foundations for interpersonal cooperation in organizations [J]. Academy of Management Journal, 1995, 38 (1): 24 - 59.

[126] McKnight D H, Chervany N L. Trust and distrust definitions: One bite at a time [M] //Trust in Cyber - societies. Springer Berlin Heidelberg, 2001.

[127] McKnight D H, Cummings L L, Chervany N L. Initial trust formation in new organizational relationships [J]. Academy of Management Review, 1998, 23 (3): 473 - 490.

[128] Mendelson H. Organizational Architecture and Success in the Information Technology Industry [J]. Management Science, 2000, 46 (4): 513 - 529.

[129] Meyer J W, Rowan B. Institutionalized Organizations: Formal Structure as Myth and Ceremony [J]. American Journal of Sociology, 1977, 83 (2): 340 - 363.

[130] Michell V, McKenzie J. Lessons learned: Structuring knowledge codification and abstraction to provide meaningful information for learning [J]. VINE

Journal of Information and Knowledge Management Systems, 2017, 47 (3): 411 – 428.

[131] Miller D, Friesen P H. Strategy - making in context: Ten empirical archetypes [J]. Journal of Management Studies, 1977, 14 (3): 253 – 280.

[132] Miller K D, Zhao M, Calantone R J. Adding interpersonal learning and tacit knowledge to March's exploration – exploitation model [J]. Academy of Management Journal, 2006, 49 (4): 709 – 722.

[133] Minbaeva D, Santangelo G D. Boundary spanners and intra - MNC knowledge sharing: The roles of controlled motivation and immediate organizational context [J]. Global Strategy Journal, 2018, 8 (2): 220 – 241.

[134] Mintzberg H. The Structuring of Organizations [M]. Prentice Hall, Englewood Cliffs, 1979.

[135] Mooradian T, Renzl B, Matzler K. Who trusts? Personality, trust and knowledge sharing [J]. Management Learning, 2006, 37 (4): 523 – 540.

[136] Mueller J. Formal and informal practices of knowledge sharing between project teams and enacted cultural characteristics [J]. Project Management Journal, 2015, 46 (1): 53 – 68.

[137] Mukherji S. Knowledge Management Strategy in Software Services Organisations: Straddling Codification and Personalisation [J]. IIMB Management Review, 2005, 17 (3): 33 – 39.

[138] Nahapiet J, Ghoshal S. Social capital, intellectual capital, and the organizational advantage [J]. Academy of Management Review, 1998, 23 (2): 242 – 266.

[139] Narayan D, Cassidy M F. A Dimensional Approach to Measuring Social Capital: Development and Validation of a Social Capital Inventory [J]. Current Sociology, 2001, 49 (2): 59 – 102.

[140] Nayak A, Chia R, Canales J I. Non-cognitive microfoundations: Understanding dynamic capabilities as idiosyncratically refined sensitivities and predispositions [J]. Academy of Management Review, 2019 (11): 7-14.

[141] Nielsen P A. Understanding dynamic capabilities through knowledge management [J]. Journal of Knowledge Management, 2006, 10 (4): 59-71.

[142] Nobeoka K, Cusumano M A. Multi-Project Management: Inter-Project Interdependency and organizational coordination in new product development [R]. Massachusetts Institute of Technology, Working Paper, 1994.

[143] Nobeoka K, Cusumano M A. The influence of inter-project strategy on market performance in the auto industry, 1980-1990 [R]. MIT Sloan School of Management, Working Paper, No. 3370-92, 1992.

[144] Nohria N, Eccles R G. Networks and organizations: Structure, form, and action [M]. Boston: Harvard Business School Press, 1992.

[145] Nonaka I, Takeuchi H. The knowledge-creating company: How Japanese companies create the dynamics of innovation [M]. New York: Oxford University Press, 1995.

[146] Nonaka I, Toyama R, Konno N. SECI, Ba and Leadership: A Unified Model of Dynamic Knowledge Creation [J]. Long Range Planning, 2000, 33 (1): 5-34.

[147] Nonaka I. The knowledge-creating company [J]. Harvard Business Review, 1991, 69 (6): 96-104.

[148] Noorderhaven N, Harzing A W. Knowledge-sharing and social interaction within MNEs [J]. Journal of International Business Studies, 2009, 40 (5): 719-741.

[149] Nugent P S, Broedling L A. Managing conflict: Third-party interventions for managers [J]. The Academy of Management Executive, 2002, 16 (1):

139–154.

[150] Obeidat B Y, Al–Suradi M M, Masa'deh R, et al. The impact of knowledge management on innovation: An empirical study on Jordanian consultancy firms [J]. Management Research Review, 2016, 39 (10): 1214–1238.

[151] Okhuysen G A, Eisenhardt K M. Integrating knowledge in groups: How formal interventions enable flexibility [J]. Organization Science, 2002, 13 (4): 370–386.

[152] Pavlou P A, Sawy O A E. Understanding the Elusive Black Box of Dynamic Capabilities [J]. Decision Sciences, 2011, 42 (1): 239–273.

[153] Pavlou P A. Institution–based trust in interorganizational exchange relationships: The role of online B2B marketplaces on trust formation [J]. The Journal of Strategic Information Systems, 2002, 11 (3): 215–243.

[154] Pearce J L, Branyiczki I, Bigley G A. Insufficient bureaucracy: Trust and commitment in particularistic organizations [J]. Organization Science, 2000, 11 (2): 148–162.

[155] Phelps C, Heidl R, Wadhwa A. Knowledge, networks, and knowledge networks: A review and research agenda [J]. Journal of Management, 2012, 38 (4): 1115–1166.

[156] Polanyi M. The Tacit Dimension [M]. Garden City, New York: Doubleday and Company, Inc., 1966.

[157] Postrel H S. Shared Knowledge, "Glitches" and Product Development Performance [J]. Strategic Management Journal, 1999, 20 (9): 837–865.

[158] Prahalad C K; Hamel G. The Core Competence of the Corporation [J]. Harvard Business Review, 1990, 68 (3): 79–91.

[159] Prencipe A, Tell F. Inter–project learning: Processes and outcomes of knowledge codification in project–based firms [J]. Research Policy, 2001 (30):

1373-1394.

[160] Quigley N R, Tesluk P E, Locke E A, et al. A multilevel investigation of the motivational mechanisms underlying knowledge sharing and performance [J]. Organization Science, 2007, 18 (1): 71-88.

[161] Rank O N. Formal structures and informal networks: Structural analysis in organizations [J]. Scandinavian Journal of Management, 2008, 24 (2): 145-161.

[162] Razzak M A. Knowledge Management in Globally Distributed Agile Projects—Lesson Learned [C] //Global Software Engineering (ICGSE), 2015 IEEE 10th International Conference on. IEEE, 2015: 81-89.

[163] Rhoades L, Eisenberger R, Armeli S. Affective commitment to the organization: The contribution of perceived organizational support [J]. Journal of Applied Psychology, 2001, 86 (5): 825-836.

[164] Richter A W, West M A, Dawson D J F. Boundary Spanners' Identification, Intergroup Contact, and Effective Intergroup Relations [J]. The Academy of Management Journal, 2006, 49 (6): 1252-1269.

[165] Riege A. Three-dozen Knowledge-sharing Barriers Managers Must Consider [J]. Journal of Knowledge Management, 2005, 9 (3): 18-35.

[166] Rizova P S. The Double Helix of Formal and Informal Structures: Project Design for R&D Success [C] // Academy of Management Meeting, Briarcliff Manor, NY, 2005 (1): F1-F6.

[167] Rizova P S. The secret of success: The double helix of formal and informal structures in an R&D laboratory [M]. Stanford University Press, 2007.

[168] Roberts J. From know-how to show-how? Questioning the role of information and communication technologies in knowledge transfer [J]. Technology Analysis & Strategic Management, 2000, 12 (4): 429-443.

[169] Rodriguez N G, Perez M J S, Gutierrez J A T. Can a good organizational climate compensate for a lack of top management commitment to new product development? [J]. Journal of Business Research, 2008, 61 (2): 118-131.

[170] Rousseau D M, Sitkin S B, Burt R S, et al. Not so different after all: A cross-discipline view of trust [J]. Academy of Management Review, 1998, 23 (3): 393-404.

[171] Sarin S, McDermott C. The Effect of Team Leader Characteristics on Learning, Knowledge Application, and Performance of Cross-Functional New Product Development Teams [J]. Decision Sciences, 2003, 34 (4): 707-739.

[172] Scheepers R, Venkitachalam K, Gibbs M R. Knowledge strategy in organizations: Refining the model of Hansen, Nohria and Tierney [J]. Journal of Strategic Information Systems, 2004, 13 (3): 201-222.

[173] Schein E H. Organizational Culture and Leadership, 4th Edition [M]. Garden City, New York: Doubleday & Company, Inc., 1992.

[174] Schneider B. Organizational Climate and Culture [M]. San Francisco: Jossey-Bass, 1990.

[175] Schulz M., Jobe L. Codification and Tacitness as Knowledge Management Strategies: An Empirical Exploration [J]. The Journal of High Technology Management Research, 2001, 12 (1): 139-165.

[176] Seidler-de Alwis R, Hartmann E. The use of tacit knowledge within innovative companies: Knowledge management in innovative enterprises [J]. Journal of Knowledge Management, 2008, 12 (1): 133-147.

[177] Shapiro D L, Sheppard B H, Cheraskin L. Business on a handshake [J]. Negotiation Journal, 1992, 8 (4): 365-377.

[178] Sherif K. An adaptive strategy for managing knowledge in organizations [J]. Journal of Knowledge Management, 2006, 10 (4): 72-80.

[179] Shoham S, Hasgall A. Knowledge Workers as Fractals in a Complex Adaptive Organization [J]. Knowledge and Process Management, 2005, 12 (3): 225-236.

[180] Simon H A. Administrative Behavior: A Study of Decision - Making Processes in Administrative Organization (3rd ed.) [M]. New York: The Free Press, 1976.

[181] Singh T B. A social interactions perspective on trust and its determinants [J]. Journal of Trust Research, 2012, 2 (2): 107-135.

[182] Song C, Sommer S M, Hartman A E. The impact of adding an external rater on interdepartmental cooperative behaviors of workers [J]. International Journal of Conflict Management, 1998, 9 (2): 117-138.

[183] Stevenson W B, Gilly M C. Information processing and problem solving: The migration of problems through formal positions and networks of ties [J]. Academy of Management Journal, 1991, 34 (4): 918-928.

[184] Suckley L J, Price I, Sharpe J. Exploring inter-departmental barriers between production and quality [J]. Journal of Organizational Ethnography, 2013, 2 (2): 173-190.

[185] Szulanski G. Exploring internal stickiness: Impediments to the transfer of best practice within the firm [J]. Strategic Management Journal, 1996, 17 (S2): 27-43.

[186] Teece D J, Pisano G, Shuen A. Dynamic Capabilities and Strategic Management [J]. Strategic Management Journal, 1997, 18 (7): 509-533.

[187] Tellefsen T, Thomas G P. The antecedents and consequences of organizational and personal commitment in business service relationships [J]. Industrial Marketing Management, 2005, 34 (1): 23-37.

[188] The Delphi Group Inc. Centering the Business Desktop [R]. The

Delphi Group, Boston, MA, 2000.

[189] Thompson L L, Levine J M, Messick D M (eds.). Shared Cognition in Organisations [M]. Lawrence Erlbaum Associates, Inc., Mahwah, 1999.

[190] Tsai W, Ghoshal S. Social capital and value creation: An empirical study of intrafirm networks [J]. Academy of Management Journal, 1998, 41 (4): 464 – 476.

[191] Tsai W. Social structure of "coopetition" within a multiunit organization: Coordination, competition, and intraorganizational knowledge sharing [J]. Organization Science, 2002, 13 (2): 179 – 190.

[192] Tsai Y H, Joe S W, Lin C P, et al. Modeling knowledge sharing among high – tech professionals in culturally diverse firms: Mediating mechanisms of social capital [J]. Knowledge Management Research & Practice, 2017, 15 (2): 225 – 237.

[193] Tsoukas H. The firm as a distributed knowledge system: A constructionist approach [J]. Strategic Management Journal, 1996, 17 (S2): 11 – 25.

[194] Van Aken J E, Weggeman M P. Managing learning in informal innovation networks: Overcoming the Daphne – dilemma [J]. R&D Management, 2000, 30 (2): 139 – 149.

[195] Venkatraman N, Camillus J C. Exploring the concept of "fit" in strategic management [J]. Academy of Management Review, 1984, 9 (3): 513 – 525.

[196] Venkatraman N. The Concept of Fit in Strategy Research: Toward Verbal and Statistical Correspondence [J]. The Academy of Management Review, 1989, 14 (3): 423 – 444.

[197] Venkitachalam K, Willmott H. Factors shaping organizational dynamics in strategic knowledge management [J]. Knowledge Management Research & Practice, 2015, 13 (3): 344 – 359.

[198] Venkitachalam K, Willmott H. Strategic knowledge management—Insights and pitfalls [J]. International Journal of Information Management, 2017, 37 (4): 313-316.

[199] Von Krogh G. Care in knowledge creation [J]. California Management Review, 1998, 40 (3): 133-153.

[200] Wageman R, Gordon F M. As the twig is bent: How group values shape emergent task interdependence in groups [J]. Organization Science, 2005, 16 (6): 687-700.

[201] Wageman R. Interdependence and Group Effectiveness [J]. Administrative Science Quarterly, 1995, 40 (1): 145-180.

[202] Wang H K, Tseng J F, Yen Y F. Examining the mechanisms linking guanxi, norms and knowledge sharing: The mediating roles of trust in Taiwan's high-tech firms [J]. The International Journal of Human Resource Management, 2012, 23 (19): 4048-4068.

[203] Wenger E. Communities of practice: Learning, meaning, and identity [M]. Cambridge University Press, 1999.

[204] Willem A, Buelens M, Scarbrough H. The role of inter-unit coordination mechanisms in knowledge sharing: A case study of a British MNC [J]. Journal of Information Science, 2006, 32 (6): 539-561.

[205] Willem A, Buelens M. Knowledge sharing in public sector organizations: The effect of organizational characteristics on interdepartmental knowledge sharing [M]. Journal of Public Administration Research and Theory, 2007, 17 (4): 581-606.

[206] Winter S G. Understanding dynamic capabilities [J]. Strategic Management Journal, 2003, 24 (10): 991-995.

[207] Wipawayangkool K, Teng J T C. Paths to tacit knowledge sharing:

Knowledge internalization and individual – task – technology fit [J]. Knowledge Management Research & Practice, 2016, 14 (3): 309 – 318.

[208] Wisniewski B, McMahon K. Formalizing Informal Learning [J]. Chief Learning Officer, 2005, (4): 29 – 33.

[209] Wu W W. Choosing knowledge management strategies by using a combined ANP and DEMATEL approach [J]. Expert Systems with Applications, 2008, 35 (3): 828 – 835.

[210] Yang S C, Farn C K. Social capital, behavioural control, and tacit knowledge sharing—A multi – informant design [J]. International Journal of Information Management, 2009, 29 (3): 1 – 21.

[211] Zand D E. Trust and managerial problem solving [J]. Administrative Science Quarterly, 1972, 17 (2): 229 – 239.

[212] Zhao Z, Chen H H, Lee P Y. Effects of face and guanxi on individual knowledge – sharing intention [J]. Social Behavior & Personality: An International Journal, 2017, 45 (10): 1691 – 1706.

[213] Zheng W, Yang B, Mclean G N. Linking organizational culture, structure, strategy, and organizational effectiveness: Mediating role of knowledge management [J]. Journal of Business Research, 2010, 63 (7): 1 – 771.

[214] Zott C. Dynamic capabilities and the emergence of intra – industry differential firm performance: Insights from a simulation study [J]. Strategic Management Journal, 2003, 24 (2): 97 – 125.

[215] Zucker L G. Production of trust: Institutional sources of economic structure [C]. In B. M. Straw & L. L. Cummings (Eds.), Research in organization behavior [M]. Greenwich, CT: JAI Press, 1986.

[216] [美] 霍兰. 隐秩序——适应性造就复杂性 [M]. 周晓牧, 韩晖译. 上海: 上海科技教育出版社, 2000.

[217][美]劳伦斯·米勒著. 美国企业精神：未来企业经营的八大原则[M]. 尉腾蛟译. 北京：中国友谊出版公司，1985.

[218]常涛，廖建桥. 团队特征变量对知识共享影响的实证研究[J]. 情报理论与实践，2011（1）：67-71+83.

[219]陈洁，丁源，杨晓非. 基于CAS理论的知识共享分析[J]. 情报科学，2010，28（1）：107-111.

[220]陈禹. 复杂适应系统（CAS）理论及其应用——由来、内容与启示[J]. 系统辩证学学报，2001（4）：35-39.

[221]陈占夺，汪克夷. 复杂产品系统的复杂性对知识管理的影响探讨[J]. 科学学与科学技术管理，2007（5）：101-105.

[222]初浩楠. 正式控制和组织支持感对知识共享影响的实证研究[J]. 科技管理研究，2011（7）：164-168.

[223]杜维，司有和，温平川. 资源基础理论视角下对知识管理战略前因及后果的实证研究[J]. 科学学与科学技术管理，2009，30（8）：95-102.

[224]樊治平，王建宇，陈媛. 一种基于知识缺口分析的知识流程再造方法[J]. 科研管理，2005，26（5）：96-101.

[225]奉小斌. 研发团队跨界行为对创新绩效的影响——任务复杂性的调节作用[J]. 研究与发展管理，2012，24（3）：56-65.

[226]胡远华，毛坚真. 信任与个人知识组织化关系的概念模型研究[J]. 情报杂志，2010，29（9）：102-106.

[227]季娇，伍新春，青紫馨. 非正式学习：学习科学研究的生长点[J]. 北京师范大学学报（社会科学版），2017（1）：75-83.

[228]金芸，孙东川. 基于CAS理论的组织知识创造影响因素分析[J]. 科研管理，2009，30（3）：74-78.

[229]井辉，席酉民. 组织协调理论研究回顾与展望[J]. 管理评论，

2006, 18 (2): 50-56.

[230] 柯青, 沈惠敏. 论企业协同知识管理系统的 CAS 理论观 [J]. 科技管理研究, 2011, 31 (13): 151-153+158.

[231] 李春苗. 人际关系协调与冲突解决 [M]. 广州: 广东经济出版社, 2001.

[232] 李海波, 刘则渊, 丁堃. 基于复杂适应系统理论的组织知识系统主体研究 [J]. 科技管理研究, 2006 (7): 199-202.

[233] 李佳萍. 关系治理、工作关系对个体工作繁荣的作用机制研究 [D]. 江西财经大学博士学位论文, 2018.

[234] 林东清. 知识管理理论与实务 [M]. 北京: 电子工业出版社, 2005.

[235] 刘刚, 吕文静, 雷云. 现代企业管理中阴阳学说新述 [J]. 北京工商大学学报（社会科学版）, 2014 (29): 103-108.

[236] 刘洪, 姚立. 管理复杂适应组织的策略 [J]. 系统辩证学学报, 2004, 12 (2): 42-47.

[237] 刘佳, 王馨. 组织内部社会网络联系对知识共享影响的实证研究 [J]. 情报科学, 2013, 31 (2): 105-109.

[238] 刘军. 社会网络分析导论 [M]. 北京: 社会科学文献出版社, 2004.

[239] 刘新梅, 赵旭, 陈玮奕. 流程正式化一定妨碍创造力吗——知识治理与环境不确定性的作用 [J]. 科学学研究, 2017, 35 (2): 198-205+239.

[240] 卢艳秋, 肖艳红, 叶英平. 知识导向 IT 能力、知识管理战略匹配与技术创新绩效 [J]. 经济管理, 2017 (1): 71-85.

[241] 吕鸿江, 吴亮, 张鑫. CAS 视角下企业正式及非正式网络互动适应环境的理论框架 [J]. 科学学与科学技术管理, 2016, 37 (3): 31-42.

［242］吕卫文．隐性知识和编码知识［J］．科研管理，2007，28（6）：31-35．

［243］苗红娜．社会资本研究：分类与测量［J］．重庆大学学报（社会科学版），2015，21（6）：123-131．

［244］Pascale R J，Athos A G．日本企业管理艺术［M］．北京：中国科学技术翻译出版社，1984．

［245］秦红霞．企业内部知识共享研究：基于社会资本视角［M］．北京：中国社会科学出版社，2015．

［246］邱均平，许丽敏，陈瑞．社会网络视角下企业内部知识共享机制研究［J］．图书情报工作，2011，55（10）：25-29．

［247］王亚刚，席酉民，尚玉钒，刘鹏．复杂快变环境下的整体性应变工具：和谐主题［J］．管理学报，2011，8（1）：19-27．

［248］席酉民，葛京，韩巍，陈健．和谐管理理论的意义与价值［J］．管理学报，2005（4）：397-405．

［249］席酉民，熊畅，刘鹏．和谐管理理论及其应用述评［J］．管理世界，2020，36（2）：195-209+212．

［250］席酉民．"和谐管理理论"决胜未来［J］．人民论坛，2011（17）：250-251．

［251］谢洪涛，赖应良，孙玉梅．建设工程创新团队组织氛围私人关系对隐性知识共享行为的影响：基于HLM的跨层次分析［J］．昆明理工大学学报（自然科学版），2016，41（6）：118-123．

［252］徐碧琳．基于群体动力，正式组织与非正式组织互动效应实证研究［J］．南开经济研究，2005（4）：21-27．

［253］徐艳．组织氛围对知识共享意愿的影响研究主观规范的中介作用［D］．南京大学博士学位论文，2014．

［254］杨丹．知识工作的结构性特征对生产率的作用研究［J］．科学学

研究, 2010 (6): 89-95.

[255] 张子源, 赵曙明, 周路路等. 内隐协调对团队创造力的影响研究——任务特征的调节作用 [J]. 科学学与科学技术管理, 2014, 35 (1): 173-180.

[256] 郑石桥, 郑卓如. 核心文化价值观和内部控制执行: 一个制度协调理论架构 [J]. 会计研究, 2013 (10): 30-36+98.

[257] 周城雄. 隐性知识与显性知识的概念辨析 [J]. 情报理论与实践, 2004 (2): 127-129.

[258] 庄贵军, 李珂, 崔晓明. 关系营销导向与跨组织人际关系对企业关系型渠道治理的影响 [J]. 管理世界, 2008, 20 (7): 77-90.

[259] 庄越, 潘鹏. 团队嵌入关系治理的调节效应: 合作创新实证 [J]. 科研管理, 2016, 37 (4): 27-35.

[260] 邹国庆, 许诺. 论组织学习与制度质量 [J]. 山东社会科学, 2013 (10): 184-187.